焦点二里头

许宏 著

巴蜀书社

黄

瀍河

涧河

二里头遗址

洛阳盆地

洛河

伊河

二里头遗址位置图

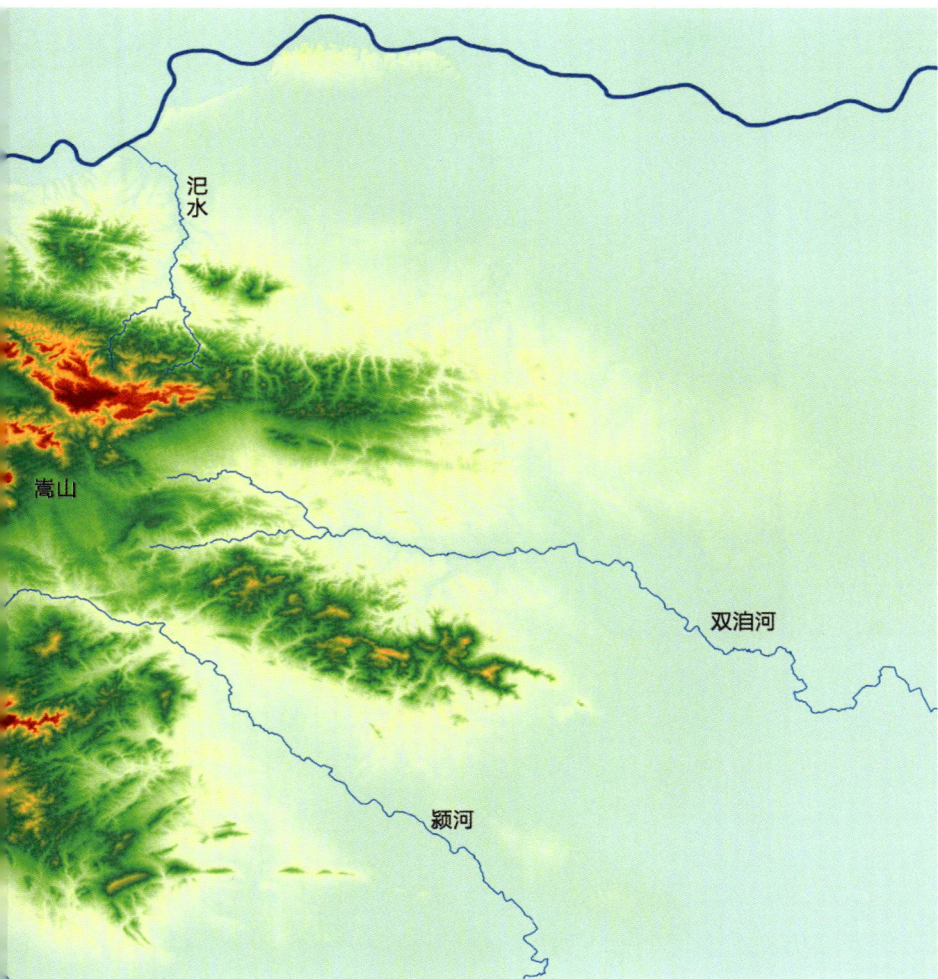

汜
水

嵩山

双洎河

颍河

总　序

王仁湘

考古学集结了一批又一批老少学者，他们中的老一辈将毕生献给了这门学问，年轻一代则是孜孜不倦，贡献着自己的智慧。他们人数很少，能量却很大，常常有惊天动地的发现。

亲近这些学者时，你会深切感受到他们的满腔激情，他们是那么热爱这门科学。阅读他们的著述，感受到他们的聪明才智，是考古学家们架起了连通古今的桥梁，他们为之献出青春以致生命。这座桥，我觉得可称之为"考古长桥"。

这是一座宏伟的长桥，我们由这桥上走过，后学都非常想了解这长桥的构建过程。考古学知识体系庞大，有许多分门别类的学问，它们就像是这桥上的诸多构件，不可或缺，质量也是上乘。现在由巴蜀书社呈现出来的这一套考古学家的自选集，就是我说的"考古长桥"。考古后来人，有自己的使命，要为这桥梁更新部件，为这智慧产品更新贡献心力。这一套书，值得你收藏，值得你阅读。

本系列的各位作者，自己精选了他们凝聚心血之作，这都是"考古长桥"的部件，值得珍惜，值得宝藏。

我曾将考古学家比作现代社会派去往古的使者，考古人回归文明长河，直入到历史层面，去获取我们已然忘却的信息，穿越时空去旅行与采风，将从前的事物与消息带给现代人，也带给未来人。是考古人带我们赏鉴和感触文明长河的浪花，让我们的心灵与过去和未来世界相通。

　　近年来突然间觉得冷门的考古学正在变作显学，在阅读那些普及著作的同时，我们还要了解原著，了解学者们从事科研的心路历程，了解这长桥的建造过程。尤其是正在或者即将入行的考古人，收藏与阅读给你们带来的乐趣一定是不可估量的。

目录

001   图说二里头

| 宏观思考 |

003   略论二里头时代

016   关于二里头遗址的省思

034   二里头：从田野到阐释

| 田野探微 |

051   二里头遗址聚落形态的初步考察

065   二里头1号宫殿基址使用年代刍议

080   二里头遗址文化分期再检讨
           ——以出土铜、玉礼器的墓葬为中心

094   二里头M3及随葬绿松石龙形器的考古背景分析

| 整合分析 |

115　嵩山南北龙山文化至二里头文化演进过程管窥

133　二里头文化聚落动态扫描

144　二里头文化时期人地关系研究的考古学检讨

157　从二里头遗址看华夏早期国家的特质

162　关于二里头为早商都邑的假说

| 甲子忆往 |

185　二里头遗址发掘和研究的回顾与思考

198　中国考古学长足发展的缩影

　　　——写在《二里头考古六十年》出版之际

205　二里头考古见证学科大转型

| 娓娓道来 |

211　揭开"华夏第一都"的面纱

230　【访谈一】从徐旭生先生"夏墟"调查说开去

242　【访谈二】二里头与夏商分界的新视角

250　本书所引主要考古资料存目

254　后　记

图说二里头

20世纪60年代揭露的1号宫殿基址主殿

1975年1号基址发掘

1978年2号基址发掘搭梯摄影

1978年2号基址发掘

4号基址与宫城东墙

8号基址发掘现场

全站仪测绘

又揭开一处建筑基址

抬梯子准备照相的民工正行进在3000多年前宫殿区的大路上

用吊车摄影摄像

钻探与测绘

工地静物：遗迹、标尺、测绘仪器

田野考古最大的基本功就是刮

分辨出夯土建筑夯具的痕迹，要细上加细

2019年春季
宫殿区发掘

2015年冬季，
发掘现场遗迹现
象研判

2017年春季，宫
殿区墓葬整体起取
与夯土解剖

发掘现场摄影

刚出土的陶器残片

考古人的拿手好戏就是能读懂"文化堆积"这本无字天书

当地的老人和妇女是考古队发掘的主要劳动力

墓葬发掘现场绘图

发掘是一件相当艰苦的事

1号宫殿基址及其主殿复原

1号宫殿基址正门复原。"一道三门"的格局，奠定了后世宫门的基本规制

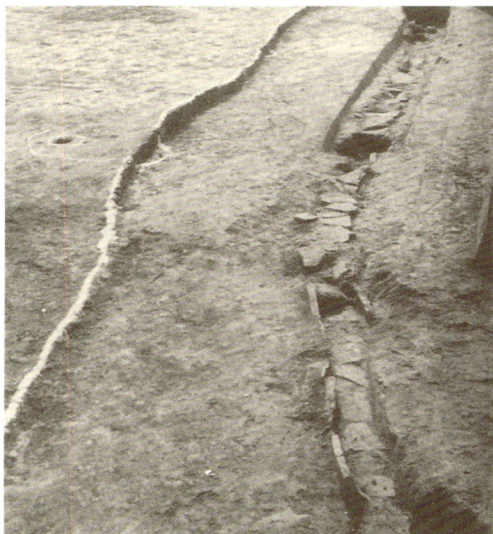

2号宫殿石板砌排水沟

2号宫殿陶排水管道

陶排水管道

5号基址

4号基址发掘现场

3号基址发掘现场

4号基址复原效果

6号基址发掘现场俯瞰。整个基址略呈横长方形，总面积2500多平方米

3号基址院内墓葬

5号基址院内墓葬

4号基址发掘现场

1号巨型坑中用猪祭祀的遗迹

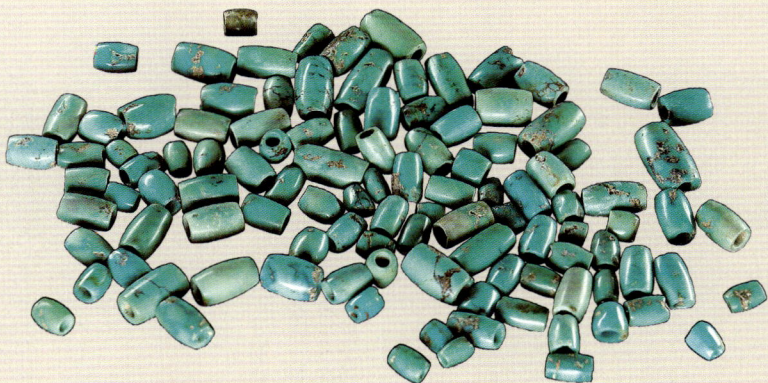

出土绿松石成品

出土绿松石成品

镶嵌绿松石铜牌饰

绿松石龙形器及其嵌片

出土玉石器

圭\璧戚\牙璋　大型片状、有刃，以及制作意念的复杂化构成二里头文化玉器的主体风格

出土玉石器　钺\戈\多孔刀

斗笠状白陶器

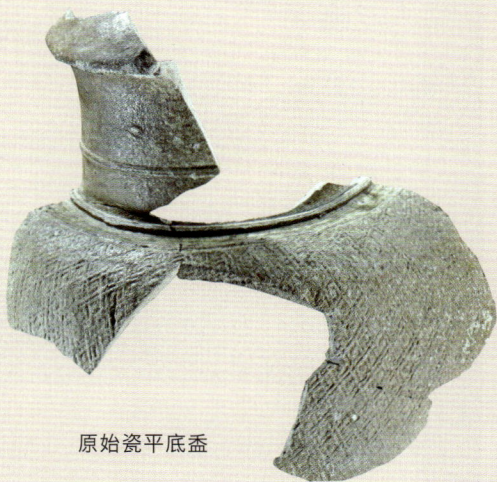

原始瓷平底盉

陶壶

陶方鼎

陶器盖

陶长流平底盉

铜铃与铃舌

铜爵

铜钺

宏观思考

焦

点

二

里

头

略论二里头时代

一

现代中国考古学诞生之后，在对中国上古史所作分期描述中，一直存在着历史文献学和考古学两大话语系统。前者以神话传说表述远古时期，在进入历史时期后，一般采用朝代名；后者习惯以考古学文化来命名史前时期，已被证明为信史者则与文献史学合流，亦冠之以朝代名或主要诸侯国名。只是在这种情况下，两大话语系统才归于一系。

其实，鉴于中国历史与考古学界的学术传统及对学科终极目的的定位，无论文献史学界还是考古学界，都是把两大话语系统最大限度地趋同作为努力的方向的。也即将"信史时代"的上限尽可能前提，扩大两大话语系统的"共同语言"部分。

随着中国考古学的长足进展，文献史学界开始更为广泛地采用考古学的分期语汇。最为典型的例子是近年出版的白寿彝总主编的《中国通史》，邀约考古学者来撰写"远古时代"部分。史前考古"本身就可以大体复原远古时代的漫长历史，传说资料反而只起参照的作用"①的观点，已成为学界的基本共识。由是，仰韶时代、龙山时代②一类纯考古学语汇的命名已跳出考古学的圈子，而为史学界及其他相关学科乃至大众所接受。

但愈是时代久远，二者"拟合"的可能度就愈低。因而对于史前时期，学界也只能听任诸如仰韶时代、龙山时代与三皇时代、五帝时代之类异质话语系统并存。强将二者比附者，一般也多被认为属推测性质，存此一说而已。

20世纪初叶，甲骨文的发现与释读，证明《史记·殷本纪》所载商王朝的事迹为信史，1928年开始的对安阳殷墟的发掘，确认该地系商王朝的晚期都城遗址，从而在考古学上确立了殷商文明。我们认为，这是目前考古学与文献史学两大话语系统能够契合的最上限。前此的时代，都属尚只能用考古学术语来表述和命名的时代。

至20世纪50年代，又由于早于殷墟而文化特征与之近同的郑州商城和二里岗文化的发现，考古学上的商文化遂被上推至二里岗期。本文所要论及的"二里头时代"即早于二里岗期的一个时段。这一时代因约略与文献所载夏王朝的存在时段相合，而往往被径称为"夏代"，或"相当于夏代的时期"。这反映了学界力图上推"信史时代"之上限，统一两大话语系统的迫切愿望。然而目前的考古学与文献史学研究的进展，尚不足以支持以夏王朝的史迹为核心内容的"夏文化"以及"夏代"的最终确立。这就是我们提出"二里头时代"这一概念的先决条件。

---

① 苏秉琦：《序言》，《中国通史》第二卷《远古时代》，上海人民出版社，1994年。
② 严文明：《龙山文化和龙山时代》，《文物》1981年第6期。

二

顾名思义，"二里头时代"的概念，源自二里头文化。二里头文化的绝对年代，一般认为"不早于公元前1900年，不晚于公元前1500年，前后延续300多年或将近400年"①。夏商周断代工程阶段性成果报告所给出的碳十四测年数据，也在公元前1880年~公元前1520年之间②。总体上看，二里头文化上接属于中原龙山文化系统的王湾三期文化，下接二里岗期商文化。龙山文化时期即龙山时代③，一般认为相当于公元前3000年~公元前2000年左右④。在王湾三期文化和二里头文化之间，还存在着"新砦期遗存"，约持续100年左右的时间⑤。目前，尽管在对这类遗存的命名上尚有歧见，但其与二里头文化的关系较之中原龙山文化更为密切这一事实，已得到了学界的基本认可，为数不少的学者更认为其本身就属于二里头文化的

① 仇士华、蔡莲珍等：《有关所谓"夏文化"的碳十四年代测定的初步报告》，《考古》1983年第10期。
② 夏商周断代工程专家组：《夏商周断代工程1996—2000年阶段成果报告·简本》，世界图书出版公司，2000年。最新测年结果为公元前1750年~公元前1520年。详见仇士华：《¹⁴C测年与中国考古年代学研究》，中国社会科学出版社，2015年。
③ 严文明：《龙山文化和龙山时代》，《文物》1981年第6期。
④ 严文明先生后来主张将庙底沟二期文化及各区域与其大体同时的诸考古学文化"划归龙山时代的早期"，这样，龙山时代的上限就由公元前2600年左右上溯至公元前3000年左右。详见，严文明：《龙山时代考古新发现的思考》，《纪念城子崖遗址发掘60周年国际学术讨论会文集》，齐鲁书社，1993年。
⑤ 赵芝荃：《略论新砦期二里头文化》，《中国考古学会第四次年会论文集》，文物出版社，1985年。赵春青：《新砦期的确认及其意义》，《中原文物》2002年第1期。最新测年结果为公元前1850年~公元前1750年。详见仇士华：《¹⁴C测年与中国考古年代学研究》，中国社会科学出版社，2015年。

早期发展阶段[①]。鉴此，"二里头时代"的时间跨度，应约当公元前2000年~公元前1500年。

这一时段的绝大部分，与文献记载中夏王朝的存在时间相吻合。然而，尽管从考古学文化的时空分布上看，"新砦期遗存"和二里头文化是探索夏文化的最重要的对象，或者说最有资格担当"夏文化"的称号，但就目前的发现与研究状况而言，我们仍无法将这一与夏纪年大体对应的历史时期径称为"夏代"。鉴于有关夏王朝的记载在时代较早、可信度较大的文献材料中时有所见，因此有理由相信它的真实存在，我们只是认为到目前为止尚未掌握可以确证夏文化的考古学证据而已。

"二里头时代"这一概念的提出，植根于对夏文化探索之课题定位的认识。因此，有必要对夏文化探索本身作一些分析。

以殷墟的发掘为中心，殷商文明的确立给三代文明的探究提供了一个可靠的时间和文化特征上的基点；同时，它在方法论上也影响甚至决定了三代考古学研究的方向与路径。对夏文化的探索，可以从殷商文明的研究中得到很多有益的启示。其中，应当着重指出的是，是文字（甲骨文）的发现与解读才最终使商史成为信史。我们认为，这一环节也是确认夏文化、夏王朝的不可或缺的关键性要素。"夏代考古之所以没有突破性的发展，根本问题就是没有发现

---

① 赵芝荃：《略论新砦期二里头文化》，《中国考古学会第四次年会论文集》，文物出版社，1985年。赵春青：《新砦期的确认及其意义》，《中原文物》2002年第1期。董琦：《虞夏时期的中原》，科学出版社，2000年。杜金鹏：《新砦文化与二里头文化——夏文化再探讨随笔》，《三代考古》（一），科学出版社，2004年。张国硕：《夏纪年与夏文化遗存刍议》，《中国文物报》2001年6月20日。李维明：《二里头文化一期遗存与夏文化初始》，《中原文物》2002年第1期。

有关夏代的文字史料……这是一个非常严酷的条件，但却是必须通过的一关。"①这是颇为中肯的意见。从这个意义上讲，商文明的研究与夏文化的探索在性质上尚有重大差别。

回顾以追寻夏王朝史迹为核心内容的夏文化探索之历程，可以看到，数十年来学界的主要注意力和论辩的焦点集中在了夏王朝的存灭时间、夏王朝统辖的中心区域、与夏王朝对应的考古学实体及作为夏王朝主体的族群这四项要素上。其中前两项主要是依据文献资料来推导的，它是夏文化探索的时空前提，而非考古学意义上的探索对象。至于与夏王朝对应的考古学实体及作为夏王朝主体的族群，由于文献与考古材料的不足，加之我们一直也没有建立起有效地说明考古学文化和族属、考古学文化的变迁与社会政治变革之间相互关系的解释理论，可以认为迄今所做的研究在很大程度上属于推论的性质。我们认为，在能够说明夏王朝史实的内证性材料（如当时的文字）发现之前，靠单纯的考古学研究是无法最终解明夏文化的问题的。其实，考古学的学科特点，决定了其以长时段的、历史与文化发展进程的研究见长，而拙于对精确年代和具体历史事件的把握。长期以来聚讼纷纭地对文献所载夏商王朝更替和某一王朝都城具体地望的讨论，对某一考古学文化所属族别与朝代归属的论辩，至今莫衷一是，已很能说明问题。在对夏文化的探索上，我们只能说取得了长足的进展，至最终解决相关问题，恐怕还有很长的路要走。

逻辑上的欠严密，一直是夏文化探讨过程中最受诟病之处。

---

① 王仲孚：《试论夏史研究的考古学基础》，《中国考古学与历史学之整合研究（上）》，"中央研究院"历史语言研究所出版品编辑委员会（台北），1997年。

如仅以文献记载与考古材料简单的时空对证即可框定夏文化的思维定式的存在。在这一思维模式中，参与讨论的学者基本上不用"可能""很可能"一类相对稳妥、留有余地的字眼，而更偏爱"当然只能""肯定""无疑"一类自信感较强的、排他性的措辞。从逻辑上看，我们并不能仅由时间与空间的大致吻合，就必然地推导出二里头文化肯定就是夏王朝时期、分布于夏王朝中心区域的、以夏族为主体的人们共同体的文化遗存。

又如对《史记·夏本纪》所载应为信史的推论，似乎也存在一定的问题。20世纪初，王国维对安阳殷墟出土的商代甲骨文进行研究，证明了《史记·殷本纪》所载商王世系表的基本可靠[1]。这一重大学术收获给了中国学术界以极大的鼓舞，王国维先生本人即颇为乐观地推论："由殷周世系之确实，因之推想夏后氏世系之确实，此又当然之事也。"由《史记·殷本纪》被证明为信史，推断《史记·夏本纪》及先秦文献中关于夏王朝的记载也应属史实，进而相信夏王朝的存在，这一推论已成为国内学术界的基本共识，也是夏文化探索的前提之所在。然而诚如前引文中字面上已言明的那样，这一思维定式也带有想当然的成分。笔者本人不是夏王朝的怀疑论者，只是对由此之可信得出彼之可信的推论方式的严密性和可靠性略有疑虑而已。

总之，无论以时空对证的方法推定夏文化，抑或判别《史记·夏本纪》之是否可信，问题的最终解明，恐怕都仍有待于带有较多历史信息的内证性遗存的发现。就目前的发现与研究现状而

---

① 王国维：《殷卜辞中所见先公先王考》《殷卜辞中所见先公先王续考》，《观堂集林》卷九，中华书局，1959年。

言，还不能用"夏文化"这一复合性的概念来取代作为考古学文化的"二里头文化"这一考古学概念。在大的时代名称上，相当于夏代的时期因其未确定性，似应暂时依照史前考古学的惯例，以具有典型性的考古学文化来命名，而暂且称之为"二里头时代"。同时，殷商文明研究的新进展，也使我们对夏文化的确立充满信心，我们期待早日在考古学上最终确认夏文化和夏代。

三

二里头时代最大的特征是覆盖广大地域的核心文化的首次出现。在二里头时代的诸考古学文化中，二里头文化的社会与文化发达程度，以及前所未有的强势扩张和辐射态势，使其当之无愧地成为这一时代的标志性文化。

龙山时代历时约数百年，至公元前2000年前后，兴盛于龙山时代的中原周边地区的各支考古学文化先后走向衰落；与此大体同时，中原龙山文化系统的城址和大遗址也纷纷退出历史舞台。代之而起的，是二里头文化在极短的时间内吸收了各地的文明因素，以中原文化为依托最终崛起。中原龙山文化系统的诸考古学文化类型与该区域各地理单元的分布基本相符，呈现出自然分布的状态；二里头文化的分布范围则已突破了地理单元的制约，而在空间上涵盖了数个先行文化的分布区域[1]，几乎分布于整个黄河中游地区，东西达600公里，南北达500公里。二里头文化的文化因素向四围辐射的

①　董琦：《虞夏时期的中原》，科学出版社，2000年。

范围更大于此。

伴随着地区性中心聚落的衰落，此期出现了超大型的都邑型聚落——二里头遗址。据最近的调查与钻探结果，二里头遗址的现存面积约300万平方米，实际面积还要大于此。经40多年的田野工作，在这里发现了纵横交错的道路网、大规模的夯土建筑基址群和宫城城垣，发掘了大型宫殿建筑基址数座，大型青铜冶铸作坊遗址1处，与制陶、制骨有关的遗迹若干处，与宗教祭祀有关的建筑遗迹若干处，以及大中小型墓葬400余座，其中包含出土成组青铜礼器、玉器和漆器的墓葬。此外还发现并发掘了大量中小型房址、窖穴、水井、灰坑以及道路遗迹等。出土大量陶、石、骨、蚌、铜、玉、漆器和铸铜陶范等。

上述重要发现充分显示了二里头遗址超乎当时一般聚落的规格和内涵。由聚落形态、埋葬制度、各种手工业作坊及其产品等方面，都可见其社会等级分化及产业分工程度之巨；以二里头遗址为典型代表的二里头文化遗存在广大的空间范围内有很强的一致性，其文化影响所及更非此前的任何考古学文化所能比拟。二里头遗址拥有目前所知我国最早的宫殿建筑群和宫城遗存、最早的青铜礼器群和最早的青铜冶铸作坊。遗址的规模和内涵在当时都是独一无二的，有理由相信它已步入产生了国家的文明社会，是迄今为止可确认的我国最早的王国都城遗址。二里头文化与二里头遗址的出现，表明当时的社会由若干相互竞争的政治实体并存的局面，进入到广域王权国家阶段。

二里头时代的中原周边地区，还散布着众多的考古学文化，其中与二里头文化相毗邻且关系最为密切的是岳石文化和下七垣文化。这些考古学文化的存在状况与二里头文化形成了鲜明的对比。

在黄河下游，龙山文化演变为岳石文化。与龙山文化相比，岳石文化的版筑城防技术、青铜冶铸业、农业等续有发展，其分布范围也并未比龙山文化缩小，保持着与二里头文化相抗衡的态势。但其聚落的分布密度和居址的面积都小于龙山文化，遗物中也未发现能超出龙山文化工艺水平的精品，陶器轮制技术大大退化，器类锐减，器物由精致转向粗糙，居住建筑技术也无明显的改善。因此有学者认为其"好像是当地新出现的一种比从前落后的新文化"[①]。即便不同意这一观点的学者，也承认"岳石文化时期的社会形态，从大的方面看，仍然是龙山文化时期社会形态的延续"。"这一时期社会内部的发展虽然没有停止，但亦未出现跳跃式的变化。"[②]鉴于海岱地区田野工作的广度与深度，我们似乎无法把目前对岳石文化的认识全部归因于发现的或然性。其社会的发展总体上处于一种低落状态，是大致可以肯定的。

分布于豫北冀南地区的下七垣文化，一般认为属先商文化，是二里岗文化的前身[③]。然而二里岗文化真正承继自下七垣文化的因素，似乎仅限于以炊器为中心的日用陶器等与民间习俗相关的若干方面。到目前为止，尚未发现可与二里头文化相匹敌的、显现其社会发展高度的遗存，如都邑型聚落、大型夯土建筑基址和青铜礼器等。而二里岗文化中的这类高层次的遗存，基本上源于二里头文

---

① 俞伟超：《龙山文化与良渚文化衰变的奥秘——致"纪念城子崖遗址发掘六十周年国际学术讨论会"的贺信》，《文物天地》1992年第3期。
② 栾丰实：《东夷考古》，山东大学出版社，1996年。
③ 邹衡：《试论夏文化》，《夏商周考古学论文集》，文物出版社，1980年。李伯谦：《先商文化探索》，《庆祝苏秉琦考古五十五年论文集》，科学出版社，1989年。

化。从这个意义上讲，二里头文化才应是早商文化最重要的源头，而下七垣文化仅是其来源之一。也有学者认为先商文化应是岳石文化的一支①。无论如何，商人入主中原主要是其军事上的胜利，而并非文化上的优势使然。

　　除了岳石文化和下七垣文化外，这一时期分布于中原周边地区、不同程度地受到二里头文化影响的考古学文化还有江淮地区的斗鸡台文化、宁镇地区的湖熟文化、太湖地区的马桥文化、江汉峡江地区同时期诸文化、甘青地区的齐家文化、晋中地区同时期诸文化、内蒙古中南部的朱开沟文化和燕山南北的夏家店下层文化等②。这些文化所在区域在仰韶和龙山时代大多孕育过高度发展的考古学文化，如红山文化、大汶口—龙山文化、良渚文化、屈家岭—石家河文化等，学术界一般认为属酋邦甚至已进入早期国家阶段。然而这些高度发展的文化与其后续文化之间却往往缺少密切的承继关系，后者与前者相比甚至显现出文化和社会发展上的停滞、低落乃至倒退的迹象，其文明或国家化进程可能亦相继中断，这与二里头文化的崛起形成了鲜明的对比。我们把这一华夏文明形成过程中出现的非直线演进的现象，称之为"连续"中的"断裂"③。这一断裂现象的深层次的自然与历史原因，还有待于进一步探究。

　　如果将龙山时代及其以前华夏文明形成期各地考古学文化的存

---

① 栾丰实：《试论岳石文化与郑州地区早期商文化的关系——兼论商族起源问题》，《华夏考古》1994年第4期。 张长寿、张光直：《河南商丘地区殷商文明调查发掘初步报告》，《考古》1997年第4期。
② 中国社会科学院考古研究所：《中国考古学·夏商卷》，中国社会科学出版社，2003年。
③ 许宏：《"连续"中的"断裂"——关于中国文明与早期国家形成过程的思考》，《文物》2001年第2期。

在状况比喻为"满天星斗"①的话，那么随着二里头时代的到来，这一多中心的状况即宣告终结，二里头文化，成为黄河和长江中下游地区各族团在走向社会复杂化进程中第一支遥遥领先于其他文化的核心文化。如果说以中原为中心的历史趋势早在公元前3000年~公元前2500年之间即已萌芽，至公元前2500年以后渐趋明朗②，那么这一历史格局的正式形成，则是二里头时代的事了。二里头文化与后来的商周文明一道，构成华夏文明形成与发展的主流，确立了以礼乐文化为根本的华夏文明的基本特质。

四

将二里头时代放在华夏文明早期发展史的框架中去考察，我们就会发现，以礼乐文化的全面勃兴为显著标志，二里头时代的历史意义远远超出了"夏代"的范畴，而给予华夏文明以深远的影响。

总体上看，华夏文明的形成过程可以划分为两个大的发展阶段：

第一阶段　仰韶时代后期与龙山时代（约公元前3500年~公元前2000年）。处于文明化或曰国家化的进程中，是众多相对独立的部族或邦国并存且相互作用刺激的阶段，或可称为"多元的邦国文明"时期。

第二阶段　二里头时代至西周时代（约公元前2000年~公元前771年）。是华夏文明社会的正式形成阶段，或可称为"一体的王国文明"时期③。

①　苏秉琦：《中国文明起源新探》，生活·读书·新知三联书店，1999年。
②　赵辉：《以中原为中心的历史趋势的形成》，《文物》2000年第1期。
③　许宏：《"连续"中的"断裂"——关于中国文明与早期国家形成过程的思考》，《文物》2001年第2期。

在这一华夏文明起源与形成的过程中，存在着两条主线，即以神祇信仰为内核的非礼乐系统文化①由盛而衰；与此形成鲜明对比的是，以祖先崇拜为内核的礼乐系统文化从无到有，由弱渐强，自二里头时代起勃兴扩展，最终成为华夏文明的主流。

在第一阶段，与人类的宗教信仰相伴而生、以各种神祇信仰为内核的非礼乐系统文化在若干考古学文化中趋于兴盛。这类考古学文化，可举红山文化、良渚文化和屈家岭—石家河文化为例。其考古学表现可归纳为：存在大型祭祀建筑群、祭坛、积石冢、高台墓地、葬玉大墓等；法器以玉器为主；流行神像、人物、动物等雕塑品，重视觉冲击力和神秘性；大宗明器性祭品集中分布。大量带有浓厚巫术色彩的宗教遗存的存在，构成上述考古学文化极富特色的文化内涵，说明宗教在其社会生活中占有极为突出的地位。这样一种社会结构和机制，决定了这些文化在光灿一时的同时具有脆弱性和短命的一面，社会易于畸形发展，决定了它们在严酷的社会竞争或人与自然的竞争中被淘汰出局是历史的必然。

这些带有浓厚宗教色彩的考古学文化，在二里头文化崛起之前即相继由盛转衰，甚至消亡。二里头文化的崛起与二里头时代的到来，显然使这类非礼乐系统文化退出历史舞台的步伐大大加快。二里头时代及其后，随着以中原为中心的礼乐文明的扩展辐射，非礼乐系统文化全面衰退，同时大量吸收礼乐文明的因素，仅见于更远的周边地区，如夏家店下层文化、三星堆文化，以及周代各诸侯国域内及周边的土著文化中。

---

① 这里暂以此泛指"礼乐文化"以外的诸考古学文化。这类文化的信仰内容芜杂，并不统一，但有若干共性。其与后世的萨满文化或属一系。

就现有的考古材料看，礼乐文化可能的形成时间是仰韶文化晚期至龙山文化早期，以及大汶口文化中、晚期之间；属于礼乐文化范畴的考古学文化最早出现于龙山时代的黄河中下游，如陶寺文化、王湾三期文化和大汶口—龙山文化等。进入二里头时代，二里头文化成为礼乐文化的集大成者。礼乐文化的考古学表现可归纳为：存在作为宫殿宗庙的大型夯土建筑基址、以礼乐器随葬的棺椁大墓等；以酒器、食器等容器构成礼器群主体（漆木、陶、铜礼器）；有磬、鼓、钟等乐器群；玉质礼器逐渐饰品化；少见或罕见具象生物造型，图案抽象化。礼乐文化的制度化，及开始成为覆盖广大区域的主流文化体系，都是始于二里头时代的。

要之，在华夏文明早期发展的进程中，二里头时代开创了一个新纪元。这是一个"礼乐文化"勃兴而"非礼乐文化"全面衰微的时代，一个华夏文明结束多元、进入一体化阶段的时代，一个以中原为中心的历史格局正式形成的时代。我们探究这一时代之历史真实的重要意义也正在于此。

（中国殷商文化学会编：《2004年安阳殷商文明国际学术研讨会论文集》，社会科学文献出版社，2004年）

关于二里头遗址的省思[①]

　　坐落于黄河流域伊洛盆地的二里头遗址，是二里头文化的中心遗址，当时中国乃至东亚地区最大的城市聚落。遗址发现于1959年，此后大规模的系统发掘，揭示了该遗址复杂的空间布局，其遗存由宫殿区、贵族和平民墓、居住区以及制作青铜器和绿松石器、陶器和骨器的作坊等组成[②]。上述遗迹，以及伴出的大量精美的青铜器、玉器和陶器等遗物，展现了一个高度发展的文明。二里头遗址引发了旷日持久的论战，焦点在于其族属与历史身份的认定，尤其是其与古文献所载早期王朝——夏和商的关系问题。譬如二里头遗址究竟是夏都还是商都，学者们往往将确定二里头遗址与二里头文化确切的王朝归属引为己任。这些研究，尽管具体结论不同，但有一个共同的取向，即深信古典文献关于王朝编年的记载。由于二里头遗址在时空上与文献中的夏商王朝之中心区大致吻合，它也就理所当然地被推定为其中一朝之都。

---

① 　本文与刘莉合著。

② 　许宏：《二里头遗址发掘和研究的回顾与思考》，见本书。Liu Li. Urbanization in China: Erlitou and its hinterland, in Storey, G. (ed.), *Urbanism in the Preindustrial World: Cross-Cultural Approaches*, Tuscaloosa: University of Alabama Press, 2006.

中国上古时代考古学研究的一个基本途径，是将见诸后世文献的王朝编年作为考古学研究和解释的蓝本。这些研究尽管重视的文献版本不同，但作者显然都相信其中一种编年应当是正确的。这一方法有个根本性的问题，即其对涉及早期王朝世系性质的某些基本问题缺乏严格的审验，而这些世系来源于口传历史而非可靠的成文编年史。

例如，近年结题的夏商周断代工程，分别把夏、商王朝的年代确定为公元前2070年～公元前1600年和公元前1600年～公元前1046年，而把二里头文化的年代断为公元前1880年～公元前1520年[①]。由于夏的始年早于二里头文化，而后者兼跨夏商王朝，这些抵牾导致无休止的论辩，涉及哪一种考古学文化与夏代早期相对应，二里头文化的哪一期发生了夏商更替的事件。二里头文化被划分为四期，几乎所有的期别都被不同的学者指认为夏商王朝更替之所在[②]。国内的考古学家近年来形成了主流观点，即认为二里头文化三、四期之间或第四期是这一历史变革的发生点。据信二里头文化第四期（至少是其晚段）时人口锐减，某些宫殿建筑废毁，这些都被看作是王朝崩溃事件的缩影[③]。

近年二里头遗址及其周边区域的发掘和调查，提供了许多关于这一重要的中心城市兴衰过程的信息。然而，这些发现并无助于解开二里头的王朝归属之谜，却使相关问题变得更为扑朔迷离。在本

[①]　夏商周断代工程专家组：《夏商周断代工程1996—2000年阶段成果报告·简本》，世界图书出版公司，2000年。

[②]　郑杰祥编：《夏文化论集》，文物出版社，2002年。刘绪：《有关夏代年代和夏文化测年的几点看法》，《中原文物》2001年第2期。

[③]　高炜、杨锡璋等：《偃师商城与夏商文化分界》，《考古》1998年第10期。

文中，我们将首先概述这些新的考古材料，在此基础上，对包括既往研究取向在内的相关问题作一初步的分析。

一、二里头的兴衰

近年二里头遗址的考古勘查与发掘，使我们对遗址空间布局及其演变过程有了更多的了解。

最早出现于二里头的，是仰韶文化晚期和随后的龙山文化早期的几个小聚落（图1）。在龙山文化聚落废毁后数百年，才有新的人群即二里头文化的秉持者，于公元前1800年前后来此安营扎寨。该

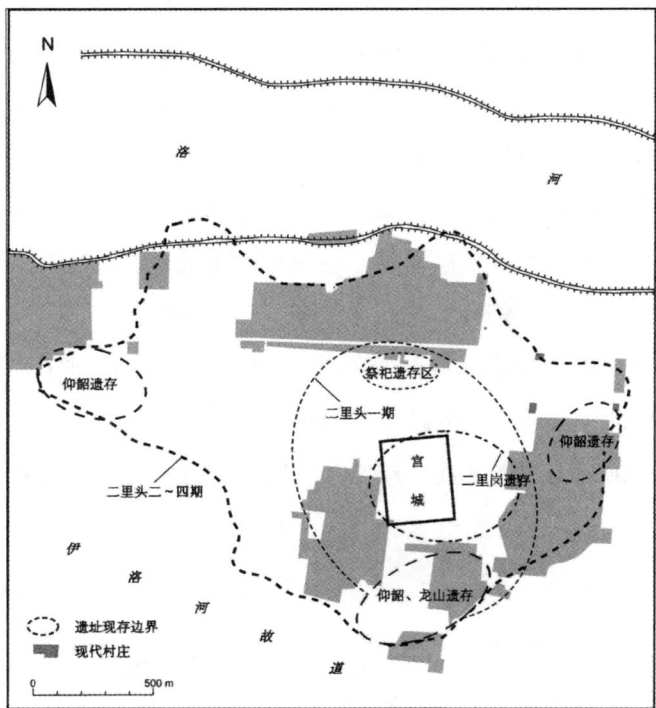

图1　二里头遗址各期遗存分布图

聚落后来发展为伊洛地区最大的中心，最终在二里岗文化晚期沦为一般聚落，随后彻底废毁。

二里头文化持续了约300年，一般被分为四期，尽管各期的精确跨度还难以确定。

1. 二里头文化一期　遗址面积逾100万平方米，似乎已发展成伊洛地区乃至更大区域的最大的中心。如此迅速的人口集中只能解释为来自周边地区的人口迁徙。这一时期的出土遗物包括不少贵族用器，如白陶、象牙和绿松石制品，以及青铜工具，但由于晚期遗存对该期堆积的严重破坏，聚落的布局尚不清楚。

2. 二里头文化二期　遗址面积扩至最大，达300万平方米以上。宫殿区（约12万平方米）位于遗址东南部，由4条纵横交错的大路相围。在宫殿区东部，发现了2座并列的夯土基址（3号、5号基址）及一道木结构排水暗渠。3号基址应是一座长逾百米、包括3个庭院的复合式建筑（图2）。在院内发现了两组贵族墓，墓中出土了丰富的随葬品。这是首次在二里头遗址宫殿建筑内发现的贵族墓葬。

铸铜作坊建于遗址东南部，宫殿区南侧大路以南约300米处。宽约1米、约呈直角相交的两段夯土墙发现于宫殿区以南，残存的东西一段墙长逾100米，南北一段长逾80米。这两段夯墙应是一处围垣设施的一部分，其东墙南部为现代村庄所压，可能存在的西墙和南墙有待进一步探查（图2）。尽管这一围垣设施的面积尚不清楚，但据其位置推断，它应将铸铜作坊一带也圈围起来。这一围垣设施内还存在着其他手工业生产的遗存，如绿松石器作坊，至少在二里头文化第三期即已存在。考虑有不少二期的绿松石制品在该遗址出土，有理由相信这些制品就是在此生产的。

上述遗存表明这处中心城市从二期开始进入全盛期，其城市规

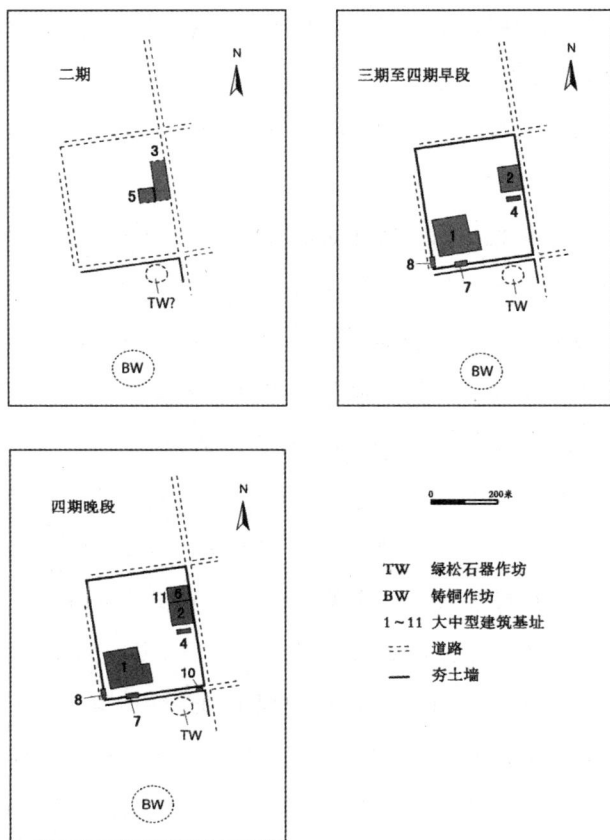

图2 二里头遗址中心区布局的演变过程

划的大的格局已基本完成。

3. 二里头文化三期   这一城市聚落持续兴盛，由宫殿区、铸铜作坊及围垣作坊区等构成的总体城市布局一仍其旧。同时，也有若干新的变化。首先，沿四条大路内侧修筑、宽约2米的一周夯土墙将宫殿区圈围起来，形成面积达10.8万平方米的宫城。其次，宫城东部的3号基址在废毁后，为2座沿同一纵向中轴线兴建的建筑（2号、

4号基址）所取代。同时，又一组建筑兴建于宫城西南部（1号、7号、8号、9号基址），其中1号基址和7号基址也拥有共同的南北中轴线。这一布局昭示了更为严整的宫室制度的形成。再次，随着新的宫城和一系列大型建筑的兴建，宫城内的日常生活遗迹，如水井、窖穴等在数量上显著减少。这一现象似乎昭示了宫殿区的特殊功能，它成为一处为少数贵族集团所独占以从事特殊活动的、更为排外的场所。最后，在围垣作坊区的北部，一处面积不小于1000平方米的区域被用作绿松石器的生产，那里发现了分布较为集中的绿松石料。发现于二里头贵族墓中的若干镶嵌有绿松石的铜牌饰以及其他绿松石饰品，应当就是这类作坊的产品。另外，铸铜作坊开始生产作为礼器的青铜容器。

4. 二里头文化四期至二里岗下层文化期　此期的文化堆积在遗址的中心区有较为集中的发现，但整个聚落的面积并未较此前缩减。所有建于第三期的宫室建筑与宫城，绿松石器作坊、铸铜作坊及其外的围垣设施，以及4条垂直相交的大路都沿用至此期。此外，至少有3座新建筑得以兴建。面积达2500平方米的6号基址，系一处复合式的大型庭院建筑，建于宫城东部的2号基址以北。6号基址以西则新建有11号基址，其面积尚有待确认。宫城与围垣作坊区之间的大路东部，还新建了一处长方形的中型夯土基址（10号基址）。

在绿松石器作坊区，发现了一处填以数千枚绿松石块粒的灰坑。铸铜作坊继续生产工具、武器和礼器，出土于第四期墓葬中的铜礼器在数量、种类和质量上都超过了三期。

一般认为二里头遗址衰落于第四期，主要是因为最大的1号宫殿基址似乎已废弃。然而，新的发掘与研究表明并非如此（详后）。包括1号基址在内的所有始建于第三期的宫室建筑仍在使用，且在兴建新的建筑物。这里仍集中着大量的人口，存在着贵族群体和服务于贵族的手工业。作为伊洛河流域最大的中心城市，二里头遗址在这一阶段仍在持续发展。

二里头遗址罕见有可以确切断定为相当于二里岗下层文化的遗存。这有两种可能。一是遗址在二里头文化第四期之后至二里岗文化时期人口锐减。二是其居民在二里岗上层文化时期之前仍主要生产和使用二里头文化第四期风格的陶器，因此在考古学的面貌上显现出二里岗下层文化时期的缺环。设若二里头文化第四期和二里岗下层文化时期部分重叠[①]，则第二种可能性似乎更大。也可能是上述两种情况兼有。

5. 二里岗上层文化期　这一时期的文化堆积集中于此前的宫殿区一带，面积约30万平方米（图1）。遗存包括小型房址、灰坑、墓葬等，它们叠压或打破了二里头文化的宫殿基址。这一中心城市至此沦为一般性聚落。

没有证据表明二里头毁于火灾或战争，但其具体的衰败原因与过程尚不得而知。可以肯定的是，贵族用品尤其是青铜器的生产，都是在二里头文化第四期之后才完全停顿下来的。这与位于二里头以东约85公里的郑州商城的兴起是相一致的，青铜工具、武器和礼器的生产是郑州重要的城市内涵[②]。从铸铜技术和青铜器风格看，郑州显现出源自二里头的极强的连续性[③]，表明这两个中心之间有着密

---

① 刘绪：《有关夏代年代和夏文化测年的几点看法》，《中原文物》2001年第2期。许宏、陈国梁等：《二里头遗址聚落形态的初步考察》，见本书。

② Liu, L., & Chen, X. *State Formation in Early China*, Duckworth, London, 2003. 袁广阔、曾晓敏：《论郑州商城内城和外郭城的关系》，《考古》2004年第3期。

③ 朱凤瀚：《古代中国青铜器》，南开大学出版社，1995年。

切的关系。二里头的衰落似乎是一个战略性的决定，包括工匠在内的二里头都邑的人口可能都被迁移至郑州地区。

二、二里头的城市规划与人口构成

二里头遗址在城市规划上显现出某种规范和章法。其南临古伊洛河，表明聚落邻近水路系统，而河道有可能是连接区域内外的主要的交通手段。

宫殿区位于遗址中东部的高地上，贵族居址与墓葬交错分布，集中于宫殿区近旁的遗址东部和东南部。这一区域为不同等级的贵族所占据，使用时间最长，形成城市扩展的核心。祭祀区似乎位于宫殿区以北，分布着形制特殊的建筑及附属墓葬。围以垣墙的铸铜作坊和绿松石器制造作坊紧邻宫殿区南侧，昭示了这类高层贵族身份标志物的生产直接受控于王室，手工业者应是依附性的专业工匠。这一二里头遗址的核心区域（包括宫殿区、祭祀区、附属手工业作坊，以及贵族居址和墓葬）总面积达70万平方米，时代则从二里头文化第二期延续至第四期。一般居住活动区似乎位于遗址的西部和北部一带，这一区域分布着小型房址和墓葬[①]。

二里头遗址似乎罕见统一安排死者的公共墓地。该遗址的发掘中出土有单独的墓葬或由若干成排墓葬组成的小型墓群。这些墓葬遍布遗址各处，见于宫室建筑的院内、一般居址近旁、房基和路面以下。这些墓葬分布点似乎都没有被长期使用，墓葬和房址往往相互叠压。人类学家主张，一个为死者专有的、界限明确的规划区

---

① 许宏、陈国梁等：《二里头遗址聚落形态的初步考察》，见本书。

域，表明这是一个具有直系血亲体系的社会共同体[1]。值得注意的是，许多新石器时代遗址[2]和安阳晚商都城[3]都发现了作为聚落重要组成部分的、明确的宗族墓地。二里头遗址的埋葬形态与中国古代长期延续的这一丧葬传统形成了鲜明的对比。因此，二里头遗址罕见有组织的、经正式规划的埋葬区域，可能暗寓着其缺乏一个总体性的直系血亲体系。

二里头的埋葬规制，或者可以说它缺乏规制，似乎与这一中心城市的人口构成相关联。如果考虑到二里头是最早集聚了周边人口的中心城市，也就不难理解这些早期移民系来自众多不同的小型血缘集团，而在其上并没有联系所有都邑社会成员的血亲纽带。缺乏稳定的墓地和同一空间内墓葬与房屋的不断更迭，暗示着人口的频繁移动。这一现象似乎也与二里头文化分布区域的宏观聚落形态相呼应，即，伴随着急速的领土扩张，二里头文化秉持者的人口也流向资源丰富的外围区域[4]。我们倾向于认为二里头遗址的人口是由众多小规模的、彼此不相关联的血亲集团所组成，同时它们又集聚并受控于一个城市集合体。然而，这些二里头的人类群团究竟在多大程度上从事农业生产或特殊的手工业专门化生产尚不清楚。进一步的发掘和研究将能提供更多的、有助于解答这些问题的信息。

① Goldstein, L. G. One-dimensional archaeology and multi-dimensional people: Spatial organisation and mortuary analysis, in Chapman, R., I. Kinnes, & K. Randsborg (ed.), *The Archaeology of Death*, Cambridge: Cambridge University Press, 1981.

② LIU, L. Mortuary ritual and social hierarchy in the Longshan culture. *Early China* 21, 1996.

③ Tang, J. *The Social Organization of Late Shang China: A Mortuary Perspective*. unpublished Ph.D dissertation, University of London, London, 2004.

④ Liu, L., & Chen, X. *State Formation in Early China*, London: Duckworth, 2003.

二里头聚落和埋葬形态，表明二里头遗址的人口可能不是来源于一个血亲族群，例如不少人相信而推定的夏族或商族。

三、二里头与夏商更替

二里头遗址是1959年徐旭生率队在伊洛盆地踏查"夏墟"时发现的。徐旭生根据古代文献中西亳在偃师的记述，认为二里头遗址"为商汤都城的可能性很不小"[1]。在他看来，二里头遗址的地理位置与丰富的物质遗存，似乎恰与亳都相符。这一观点主宰学术界近20年，直到邹衡提出郑州应为商都亳而二里头遗址应为夏都[2]。邹衡的观点主要是基于郑州城的发现，从而引发了旷日持久的关于二里头遗址与二里头文化之王朝归属的论战。其间众说纷出，除第一期外，二里头遗址二里头文化的其他三个期别都曾被不同的学者指认为夏或商的遗存。二里头的发掘者最初持夏商更替在二里头文化二、三期之间的观点。这是由于二里头文化第三期似乎显现出一种飞跃式的发展，这种现象被认为是某种重大政治变革即王朝更替的反映。

1983年，一座面积为200万平方米的设防城市发现于偃师，即所谓偃师商城。其位于二里头遗址东北约6公里。偃师城的始建似乎与二里头文化第四期大体同时。它在发现伊始就被发掘者判定为商代

---

[1] 徐旭生：《1959年夏豫西调查"夏墟"的初步报告》，《考古》1959年第11期。
[2] 邹衡：《郑州商城即汤都亳说》，《文物》1978年第2期。邹衡：《夏商周考古学论文集》，文物出版社，1980年。

早期城市①。这一发现引发了新一轮的论辩，焦点集中在二里头（代表夏或商）和偃师（理应为商）的关系上。到20世纪90年代末，大部分考古学家达成了共识，即二里头文化一至三期为夏代晚期，而二里头文化四期及以偃师、郑州两座城址为代表的二里岗文化为商。这一论点主要是基于二里头显著衰败于四期而偃师发展为设防城市的考古学材料。上述现象被认为是文献所载商灭夏这一历史事件的反映②。

关于二里头衰败于第四期的核心证据，是面积近10000平方米的大型复合建筑1号宫殿的废弃。据发掘者较早的表述，这座宫殿建于三期之初，而属于四期的墓葬、灰坑和陶窑打破基址，表明1号基址废弃于四期③。

这一结论似乎过于简单，其中有两个问题需要回答。其一，除1号基址外，四期是否真的显现出衰败的迹象；其二，1号基址在四期时被打破是否就足以说明其已被废弃。第一个问题的答案显然是否定的。如前所述，据最新的发掘与研究成果，宫殿建筑群还在增筑，依附于王室或贵族的手工业者仍在继续生产贵族用品。为回答第二个问题，我们需要重新检视与这个建筑相关的所有晚期遗迹的年代与空间位置。

1号基址区域内有2口水井、16座墓葬、2个兽骨坑、64个灰坑

① 中国社会科学院考古研究所洛阳汉魏故城工作队：《偃师商城的初步勘探和发掘》，《考古》1984年第6期。中国社会科学院考古研究所河南第二工作队：《1983年秋季河南偃师商城发掘简报》，《考古》1984年第10期。

② 高炜、杨锡璋等：《偃师商城与夏商文化分界》，《考古》1998年第10期。

③ 赵芝荃：《论二里头遗址为夏代晚期都邑》，《华夏考古》1987年第2期。

和1座陶窑①。这些遗迹主要属于四期。值得注意的是，发掘者关于这一宫殿基址废弃年代的意见随着时间的推移而发生了变化。在最初的发掘简报中，所有可断代的遗迹都被定为第四期，不少墓葬还被认为是与宫殿建筑相关的人牲的遗迹。这意味着宫殿建于三期且一直使用至四期，而这一认识是与发掘者在20世纪70年代所持夏商分界观相一致的。这种观点认为夏商更替于三期初，而三、四期属于商。但自1980年以来，发掘者关于1号基址性质的观点有了显著的变化。在1999年出版的发掘报告中，某些曾被断为四期或因无遗物出土而无法分期的墓葬和灰坑，又被改定为三期，宫殿基址则被解释为废弃于三、四期之间。这一解释上的变化并不是基于二里头遗址任何新的发现，而似乎是与发掘者夏商分界观的变化相一致，此时发掘者由于偃师城的发现而将夏商更替的年代推后到三、四期之间②。

当我们将与1号基址相关的所有晚期遗迹标示于平面图时，就不难发现包括灰坑和墓葬在内的、相当于第四期或稍晚阶段的大部分遗迹都位于宫殿建筑以外，只有极少数位于院内。同时，在主殿之外，该区域之内并未新建任何居室建筑。上述状况，表明灰坑与墓葬等遗迹是与仍在使用中的宫殿相关的生活和丧葬活动的遗存。如果我们认可二里头遗址上的灰坑与墓葬往往位于居室建筑的近旁这一事实，那么宫室中的人们采取相同的生活方式也就不足为奇。而且，建筑基址内的某些墓葬和灰坑还应是与宫殿内的祭祀活动相关

① 许宏：《二里头1号宫殿基址使用年代刍议》，见本书。
② 许宏：《二里头1号宫殿基址使用年代刍议》，见本书。

的遗存①。经检核，第四期的文化层均位于1号基址台基的边缘部或其外围，绝无叠压或打破建筑柱洞或墙基槽者。可以显见这些堆积应是1号基址使用时期的遗存，而非其废弃后的遗存②。

鉴于此，没有证据表明1号基址在三期之后即告废毁。对二里头衰落时间的认识上的变化，取决于发掘者夏商分界观的改变，考古材料则被用来对应文献中所记载的王朝世系。

四、口传历史与考古学

最早的包含有商王名字的文字记载是出土于商朝后期都城安阳殷墟的甲骨文。然而，这些文字材料中没有任何关于夏的记载，也没有关于商的世系。夏商世系出现于更晚的战国至汉代文献中，其中被引用最为频繁的是《古本竹书纪年》和《史记》。其成书比商王朝晚700年以上。20世纪20年代，王国维基于他对殷墟出土甲骨文的研究，发现甲骨文中的商王名号与《史记》中的商王世系可以相互对应③。王国维进而推论："由殷周世系之确实，因之推想夏后氏世系之确实，此又当然之事也。"④这一观点为国内考古学家和历史学家所普遍认同。考古学家认为有必要且有可能找到夏人和夏王朝的文化遗存，最终目标则是要在考古材料与历史文献整合的基础上

---

① 杜金鹏：《二里头遗址宫殿建筑基址初步研究》，《偃师二里头遗址研究》，科学出版社，2005年。
② 许宏：《二里头1号宫殿基址使用年代刍议》，见本书。
③ 王国维：《殷卜辞中所见先公先王考》《殷卜辞中所见先公先王续考》，《观堂集林》卷九，中华书局，1959年。
④ 王国维：《古史新证》，清华大学出版社，1994年。

重建夏史。

这一重建夏商世系的总体取向存在的一个明显的缺陷，是混淆了编年史和口传世系间的差异。前者旨在确切记录真实历史事件的时间序列，而后者则无法得出绝对的时间框架，因为它"有意显示和传达那些被认为是重要的事件，而绝对年代则从不，也不可能是其记录中之一项"[1]。这两类信息往往作为完整的信仰系统出现于古代文献，因为古人并不把它们看作是分隔的实体。然而，对于现代考古学家和历史学家来说，神话、传说和历史是需要区别对待的。

如前所述，尽管甲骨文是中国包含一个王朝的时间序列在内的最早的文字记录，但它们没有提供一个关于各王在位时间跨度的年谱。由于甲骨文用于记录祭祀仪礼的过程，贞人没有必要有意留下确切的各王在位的时间长度，或者这类信息被认为是不重要的而不必加以记录。吉德炜指出，只有到了殷墟晚期，关于王年的确切记录才出现于祭祀周期，但似乎即使这时商人自己对其以前各王在位的长度也没有明确的观念。因此，商是否记录下了一个确切的商王世系且将其传给其后的王朝，还是值得怀疑的[2]，更不必说推定的更早的夏世系了。最早见于战国至汉代文献的夏和商的世系不是史学意义上的编年史，宗谱中的早期国王更像是在其后演变过程中被创

---

[1] Henige, D. P. *The Chronology of Oral Tradition: Quest for a Chimera*. Oxford: Clarendon Press, 1974.

[2] Keightley, D. N. The bamboo annals and Shang-Chou chronology. *Harvard Journal of Asiatic Studies* 38 (2), 1978.

造、编辑和改进而来的[①]。因此，不少文献中夏和商的王系应理解为口传的世系。尽管在公元前两千纪的后半商和其他同时期人群中可能有关于夏人的口头传说，夏也很可能是早于商的一个重要的政治实体，但在没有夏当时的文字材料发现的情况下，作为一个王朝的夏的存在还无法得到证明。

古代中国不是唯一为远古王系所困扰的社会。苏美尔、埃及、玛雅和许多其他文明都有文字记载来证明它们深远而感人的历史，这些历史记载源自口头传说。据Henige对许多古代王朝王室世系的系统研究[②]，一系列纪年上的扭曲变形可以出现在对口头传说社会的王系、宗谱和其他关于历史时间跨度推测的处理上。宗谱可以通过压缩被缩短，在这种情况下，被记住的只有最早的开国的几代和最近立为嫡嗣的四至六代。与此形成对比且更为普遍的是，宗谱也会被人为地延长。在王系中，可以看到对既往时间长度的夸大的描述[③]。

有充足的例证可以说明王系在时间上被扭曲的情况。例如，苏美尔的王系成文于公元前2100年，记述了到那时为止统治美索不达米亚的王朝的顺序。它列出了前后相继的约115个统治者的名字，但

---

① 顾颉刚：《自序》，《古史辨》第一册，上海古籍出版社，1982年。陈梦家：《商代的神话与巫术》，《燕京学报》第20期，1936年。Keightley, D. N. The bamboo annals and Shang-Chou chronology. *Harvard Journal of Asiatic Studies* 38 (2). 1978. ALLAN, S. *The Shape of the Turtle: Myth, Art and Cosmos in Early China.* Albany: State University of New York, 1991.

② Henige, D. P. *The Chronology of Oral Tradition: Quest for a Chimera.* Oxford: Clarendon Press, 1974.

③ Henige, D. P. *The Chronology of Oral Tradition: Quest for a Chimera,* Oxford: Clarendon Press, 1974.

实际上，这些王分属于不同的城市国家，其中许多是同时存在而非先后关系。由于年代上的扭曲，苏美尔的王系把本来600余年的历史时期拉长为一个超过1900年的统治期[1]。公元前1世纪玛雅早期纪念碑上的文字，把其王室的具有重要宗教仪式内容的日历始点追溯到公元前3114年[2]，而这比最早的农业群落出现于这一地区早了1000年[3]。许多玛雅纪念碑刻铭的主要目的是赞扬统治者和他们的世系，所以一个以世系的连续性和祖先崇拜为核心的，具有特定的社会、政治和宗教背景的贵族活动的悠久历史被编造出来[4]。印加和阿兹特克的国君也重写了他们的历史和信仰系统，强调他们与太阳神的神圣联系，以证明他们政治、经济、军事扩张的正当性[5]。

这并不是说所有的历史文献都是政治宣传，但统治者确有明显的政治动机去制造和操纵王系和宗谱。任何对历史的阐述都包含了当代社会的需求。没有理由相信中国古代的历史学家在创作王室宗谱时对于这样的政治动机具有免疫的功能。事实上，Henige所讨论

[1]　Henige, D. P. *The Chronology of Oral Tradition: Quest for a Chimera*: 55. Oxford: Clarendon Press, 1974.

[2]　Coe, M. Early steps in the evolution of Maya writing, in Nicholson, H. B. (ed.), *Origins of Religious Art and Iconography in Preclassic Mesoamerica*. Los Angeles: UCLA Latin American Center Studies, 1976.

[3]　Joyce, R. High culture, Mesoamerican civilization, and the Classic Maya tradition, in Richards, J. & M. V. Buren (ed.), *Order, legitimacy, and wealth in ancient states*, Cambridge: Cambridge University Press, 2000.

[4]　Coe, M. Early steps in the evolution of Maya writing, in Nicholson, H. B. (ed.), *Origins of Religious Art and Iconography in Preclassic Mesoamerica*, Los Angeles: UCLA Latin American Center Studies, 1976.

[5]　Demarest, A. & G. Conrad. Ideological adaptation and the rise of the Aztec and Inca empires, in Leventhal, R. & A. Kolata (ed.), *Civilization in the Ancient Americas*, Albuquerque, N.M: University of New Mexico Press, 1982.

的口传历史中许多类型的扭曲变形①也见于夏商年谱，它们似乎是传说与史实、口传历史和历史记载的混合物。甲骨文和后代文献中某些早期君主的名字可能的确是经若干世代口口相传的真实人物。但这些王系并非王朝历史完整的记述或确切的序列，被数百年乃至上千年后的历史学家安排给夏商王朝的各种时间跨度，不应被当作等同于编年史的时间框架。利用这些文献材料进行与考古学的整合研究之前，我们需要首先搞清它们为何又是如何被创作出来的。

五、结　语

二里头是研究中国古代国家和文明形成的最重要的早期遗址之一，它能够给许多问题提供答案。在二里头40余年的发掘中，最受关注的是它的族群与朝代归属等整合层面的问题②，但这类问题的最终解决，仍有待于当时的内证性文字材料的出土。与此同时，关于手工业生产、农业活动、城市人口参数和城乡的互动关系等的研究则相对薄弱。结果是，我们对这座中心城市的政治经济状况的了解仍相当有限。

考古学与传说历史是不同的学科，它们需要被分别地用它们自己的术语和方法去研究。一方面，由于殷墟时代以前文字材料的缺乏，我们还没有证据去证实或否定古代文献中关于夏和早商的历史。鉴于此，历史学的研究可以在王朝世系的神话与传说中提炼史实。另一方面，利用丰富的考古学遗存，可以进行多学科研究以了

① Henige, D. P. *The Chronology of Oral Tradition: Quest for a Chimera*. Oxford: Clarendon Press, 1974.
② 许宏：《二里头遗址发掘和研究的回顾与思考》，见本书。

解国家形成的过程。考古学研究的重点应放在分析时空关系以及早期中国城市化的社会发展进程上。在各自的研究有了长足进展的基础上，这两方面的材料最终可以进行比较分析。

（《文物》2008年第1期）

二里头：从田野到阐释[①]

　　二里头遗址的发现与研究，迄今已逾60年。对这一处于中国文明形成期的重要遗址的探索历程，既是中国考古学科发展的一个组成部分，也是它的一个缩影。由于中国是全球范围内罕有的一处自现代考古学诞生伊始就以本国学者为主，建构起当地考古学分期架构和文化谱系的地区，这决定了中国考古学从一开始，其学术取向就与探索自身文明源流的"寻根问祖"密切相关。而丰富的古代文献以及由此生发出的"证经补史"的传统，使得从考古学上寻找夏、商古族和夏、商王朝的文化遗存，进而恢复其本来面目，成为中国考古学和历史学界孜孜以求的一项重要学术目标[②]。

　　其中，二里头遗址与二里头文化扮演了极为关键的角色。由于它们所处的时代，恰值介于史前时代到历史（信史）时代之间的"原史时代"，如何处理解读这一文献匮乏的历史阶段的田野考古材料，在中国上古史和考古学研究领域异议颇多。从田野到阐释的研究过程与学者的心路历程，随社会风潮和学科发展而嬗变，构成

---

① 本文与贺俊合著。
② 许宏：《从证经补史到独步史前：考古学对"中国"诞生史的探索》，《南方文物》2016年第1期。

了中国考古学科在阐释话语体系探索上的一个缩影。在中国考古学学科处于转型期和二里头遗址发现60周年之际的今天，对这一历程进行回顾与反思尤显必要。

一

二里头遗址最初发现于1959年。鉴于该遗址出土物丰富、面积广大，且位于史籍记载的商都"西亳"所在地，徐旭生先生认为其"为商汤都城的可能性很不小"，遂引起学界的极大关注。是年秋季，河南省文化局文物工作队和中国科学院考古研究所（现隶属中国社会科学院）洛阳发掘队分别在此进行发掘。其后，二里头遗址的田野工作由中国社会科学院考古研究所独立承担。

从1959年发现并进行首次发掘到世纪之交的前40年，除少数年份之外，二里头遗址的田野工作持续不断，主要收获集中在两个方面：一是积累了大量的遗物资料，其中包括数以千计的陶器，以及铜器、玉器、漆器、绿松石器等高等级遗物；二是揭露了1、2号大型宫殿建筑基址，发掘铸铜作坊遗址，中小型房址，与祭祀、制骨、制陶有关的遗存与墓葬等，确认和新发现了各时段的多处夯土建筑遗存。

此外，为了解区域文化面貌，在以探索夏文化为主要学术目标的背景下，相关单位（人员）采用传统的考古调查方法，在河南中西部、山西南部等地开展了至少20次的田野调查工作，发现了一大批二里头文化遗址，并对其中部分进行了发掘。

基于上述工作，学界建立起了以陶器为中心的可靠的文化分期框架，二里头文化一至四期的演变序列得到普遍认同；通过对较大范围内具有相似内涵遗址的发现和部分遗址的发掘，逐步廓清了二里头文化的相对年代、分布范围、地方类型与文化源流等问题。这些是二里头遗址及二里头文化研究的基础工作。至于二里头遗址1、2号宫殿建筑基址、铸铜作坊、高等级墓葬等重要遗存的发掘及重要遗物的出土，则无疑确立了二里头遗址作为迄今可确认的早期大型都邑遗存及以其为代表的二里头文化在中国早期国家、文明形成研究中重要的学术地位。

与此相应，学界的关注重点放在文献与考古材料整合基础上的历史复原研究，其主要是指二里头文化的古史属性问题（抑或夏文化探索和夏商王朝分界问题）。而这其中，又掺杂着二里头文化与中国早期国家与文明相互关系的研究。两项议题虽不尽相同，但却相互交织、融为一体，成为这一时期二里头文化整合研究的重要特色。

对二里头文化古史属性问题的关注，早在二里头遗址发现之前即已初现端倪。1953年，在河南登封玉村遗址首次发现二里头文化遗存时，发掘者就认识到其与郑州发现的二里岗文化分属于两个文化系统，但二者发展水平近似，"至于下层文化，应列入我国历史中的哪一阶段，颇值研究"。在随后发表的郑州洛达庙遗址发掘简报中，发掘者将新发现的与郑州二里岗商文化存在明显不同且相对年代早于它的文化层称为"郑州洛达庙商代文化层"，并强调它"有其独立的特征，是一个新发现的商代文化层"。从"应列入我国历史中的哪一阶段，颇值研究"到"是一个新发现的商代文化层"的不同表述，表明发掘者不仅提出了二里头文化古史属性这一议题，而且已经初步给出了答案。

不惟发掘者，少数研究者也很快意识到这类新发现的文化遗存在重建古史中的重要价值。如有学者认为，"目前在郑州我们可能已经发现了夏代的文化遗址"，即郑州洛达庙、南关外等地发现的介于郑州二里岗下层文化层与龙山文化层之间的"洛达庙期"或"南关外期"文化层[①]。还有一些学者指出，"洛达庙层"是探索夏文化值得注意的线索或对象[②]。这些认识是在徐旭生一行踏查"夏墟"报告发表之前提出的，代表了当时学界对此类遗存的初步认识。此后相关研究与讨论逐步展开，呈现出明显的阶段性，即主流观点几经变易，经历了"二里头西亳说"向"二里头主体或全为夏都说"的转变。

学界对二里头遗址与二里头文化的古史性质问题倾注了极大的热情，其参与人数之多、历时之长、讨论之热烈、影响之深远，都远超其他研究领域。有一组数据可对此做一个直观的说明。一般看来，与二里头文化相关的研究成果可分为考古学文化、年代学、都邑建筑、墓葬、遗物、宏观态势、地理环境、聚落形态、文献与考古材料基础上的历史复原九大类别，而初步统计表明，"上述九大类中前八类研究成果的总和，尚不到有关二里头遗址与二里头文化（主要涉及二里头类型）研究论著总数的一半，而最后一类则占了另一大半，约有400余篇。在不足半数的前八类研究课题中，又有相当一部分研究是为了论证第九类夏文化与夏商分界问题而展开的"[③]。对此，殷玮璋先生在回顾40年间夏文化探索工作时有这样的表述："从另一个角度观察，在系统资料尚未发表的情况下能写出

---

① 李学勤：《近年考古发现与中国早期奴隶制社会》，《新建设》1958年第8期。
② 安志敏：《试论黄河流域新石器时代文化》，《考古》1959年第10期。石兴邦：《黄河流域原始社会考古研究上的若干问题》，《考古》1959年第10期。
③ 许宏：《二里头遗址发掘和研究的回顾与思考》，见本书。

这么多文章，提出那么多观点，不能不说是个有趣的现象。"①

在这一过程中，二里头遗址与二里头文化在中国古代国家起源、形成及发展研究中的重要性在20世纪70年代中期开始为学界所关注②。特别是进入到80年代之后，在探索中国文明起源与形成这一学术热潮之下，它们已然成为研究中无法绕开的关键点。

纵观20世纪初叶至今百年来中国学术界对国家起源和早期文明史的探索历程，不难发现其所依赖的主要方法之一，是由已知的文明实体往上推，从其成熟的国家社会所表现出的明显特征中，探究早期国家的某些本质的萌芽及其发生发展过程。由于丰富的文献材料及由此产生的史学传统，这一探索理所当然地以对具体王朝的确认为中心和出发点③。而长期以来，夏王朝被视为中国历史上进入文明时代的第一个王朝国家，因此探讨中国国家、文明起源及形成问题自然就不可避免地与二里头文化古史性质相挂钩。

例如有学者指出："夏代在我国历史上，就是首先进入文明时期的第一个奴隶制国家。因此探索夏文化，不仅可以补充三代早期的历史空白，而且可以研究国家起源的理论。"④另有学者认为："探讨中原地区的文明起源问题，也即是探索夏文化的上限问题，

---

① 张立东、任飞编：《手铲释天书——与夏文化探索者的对话》，大象出版社，2001年。

② 佟柱臣：《从二里头类型文化试谈中国的国家起源问题》，《文物》1975年第6期。李民、文兵：《从偃师二里头文化遗址看中国古代国家的形成和发展》，《郑州大学学报（哲学社会科学版）》1975年第4期。

③ 许宏：《中国考古学界国家起源探索的心路历程与相关思考》，《中原文化研究》2016年第2期。

④ 佟柱臣：《夏代和夏文化问题》，《河南文博通讯》1979年第2期。

这两个问题实际上是一个问题。"[1]故而，不同学者对夏文化上限的不同看法，直接或间接地影响了他们对二里头文化是不是中国最早国家、文明社会的认识。在这一背景下，多数研究是在探讨"文明"概念及其要素的基础上，通过剖析考古与文献材料来判明二里头文化是否具备这些因素，进而形成了"二里头最早文明说"与"二里头非最早文明说"两种主要认识。

作为同期田野资料公布的集大成者，二里头遗址前20年的发掘报告也极具时代特色：其一，在资料公布的模式上，以文化分期为纲整合遗址各区域的资料，分别介绍了二里头遗址的主体文化遗存，尤以作为文化分期重要依据的陶器资料最为丰富。其二，报告的主体是二里头遗址的发掘收获，少量多学科测试鉴定分析结果作为附录置于报告最后。其三，编著者在报告的结语中，以较长篇幅发表了对二里头文化的源流、分期、类型、性质等问题的看法，尤其对于后者，编著者明确指出"二里头文化是夏文化，其中新砦期及二里头遗址一至三期属夏代，四期已经进入商代，为商灭夏后继续保留的夏人文化"。由此不难发现，《偃师二里头》发掘报告的编写深受当时的主流学术范式——文化史研究——的影响，同时也与发掘者个人所持学术观点有极大的关联性，是当时盛行的研究性报告的一个缩影。

要之，相对于考古学层面的基础研究（诸如二里头都邑的布局演变、人地关系、生业经济等），这一时期运用有限的考古材料对二里头遗址与二里头文化进行整合研究更受学界关注。这是一种时代现

---

① 方酉生、赵连生：《试论中原地区的文明起源》，《史学月刊》1989年第2期。

象，反映了20世纪下半叶以来学术界的总体学术取向和研究思路[①]。

二

由于上一阶段的田野与研究工作的重心一直侧重于文化史领域，导致我们对二里头遗址的总体结构、布局及兴衰过程还缺乏比较清晰的认识，有待进一步廓清。例如自1959年二里头遗址的调查资料首次公布以来，有关遗址规模与面积的说法不一，由1.5平方千米至9平方千米不等[②]，对遗址范围、现存状况及其成因也不甚清楚。自1960年以来，在遗址上虽也开展了大量的钻探工作，但基本上集中在中心区，尚未实施对遗址总体存在状况的探索。从简报和正式报告所发表的遗址平面图来看，20世纪70年代所掌握的遗址范围和工作区的划定，还没有涵盖目前所知的遗址西部。田野考古工作一直限于遗址东、中部的9个工作区以内，仍认为宫殿区所在的第V区位于遗址的中心地带。此后12个工作区的划定，也仅显现于示意图上[③]。中心区已发现的1号、2号建筑基址、铸铜作坊等重要遗存的相互关系，二里头文化早期遗迹的内涵与布局等，都有待探究。

有鉴于此，自1999年秋季开始，二里头遗址新一轮的田野考古工作在理念与重心上都发生了重要变化，即将探索二里头遗址的

---

① 许宏：《二里头遗址发掘和研究的回顾与思考》，见本书。
② 除考古报告执笔者的推测外，还见于郑光：《二里头陶器文化略论》，《二里头陶器集粹》，中国社会科学出版社，1995年。段鹏琦：《洛阳古代都城城址迁移现象试探》，《考古与文物》1999年第4期。中国社会科学院考古研究所：《中国考古学·夏商卷》，中国社会科学出版社，2003年。
③ 中国社会科学院考古研究所：《二里头陶器集粹》封面二"二里头遗址位置及平面图"，中国社会科学出版社，1995年。

聚落形态作为新的田野工作的首要任务。所采用的工作方法与途径是：以田野勘探与发掘为基础，以考古层位学和器物标型学研究为基本手段，以聚落考古的理念对遗址总体和重要建筑遗存进行宏观考察分析；与此同时，通过细致的工作，为年代学、经济与生业形态、成分分析及工艺技术、地貌环境与空间分析等提供可靠样品与精确信息，积极深化多学科合作研究。发掘仅清理晚于二里头文化时期的堆积与遗迹，揭露至二里头文化晚期重要遗存的表面即停止工作，在全面收集记录相关信息后，对遗迹进行回填保护，同时尽可能利用晚期遗迹的剖面观察记录早期遗存。

在这一学术理念指导下，二里头遗址的田野工作取得重要收获，集中体现在以下几个方面：其一，首次对遗址边缘地区及其外围进行了系统钻探，结合地形、地貌的考察，第一次确认了遗址的现存范围、遗址边缘区的现状及其成因；确认了二里头都邑中心区和一般居住活动区的功能分区。其二，在中心区发现了成组的早期多进院落宫室建筑、井字形道路网络、车辙、晚期宫城及两组中轴线布局的宫室建筑群、大型围垣作坊区和绿松石器作坊等重要遗迹，同时还出土了一批铜器、玉器、绿松石器等高等级遗物。

与此同时，采用新理念、新技术和新方法，结合考古学的传统手段，相关单位在中原地区的部分区域开展了新一轮的系统田野考古调查。例如，中国社会科学院考古研究所与澳大利亚拉楚布大学等单位合作，于1997年年底至2000年6月期间对地处伊洛河下游的巩义市实施了四次拉网式考古调查，与其相伴的还有地质考古学、古植物学等多学科研究，目的是通过对聚落形态的考察来了解该地区的社会复杂化进程。再如，2001年3月至2003年6月，中国社会科学院考古研究所二里头工作队分8次对以二里头遗址为中心的洛阳盆地中东部开展区域系统调查，同时尽可能地收集与地质、环境相关的信息与线索。上述区域系统考古调查的研究视角都及于整个先秦时期。通过这些工作，不仅新发现了一大批二里头文化遗址，同时还为学界提供了更为精准与科学的遗存信息。

进而，围绕二里头文化的聚落形态、技术经济、生计贸易、人地关系、社会结构乃至宏观文明进程等方面的探索都取得了长足的进展。

就二里头遗址而言，钻探与勘察结果表明它略呈西北—东南向，东西最长约2400米，南北最宽约1900米，现存面积约300万平方米，其中被二里头等行政村现代建筑压占的面积近100万平方米。遗址的北部及东北部边缘以外系洛河改道后泛滥的冲刷区，遗址在这一带被破坏严重，原始边缘已无法廓清，现存东、西、南缘大体接近原始边缘。整个遗址可以分为中心区和一般居住活动区两大部分，前者位于东南部至中部一带，由宫殿区、铸铜作坊区、祭祀活动区和若干贵族聚居区组成；后者位于西部和北部区域，常见小型地面式和半地穴式房址及随葬陶器为主的小型墓葬。遗址先秦时期的遗存可以分为6个大的阶段，二里头文化一期时该遗址很可能已成为区域性的中心聚落，二、三期时为都邑的繁荣阶段，四期之时继续使用，至二里岗文化早期晚段时聚落全面衰败[1]。此外，我们对二里头遗址所在区域的聚落形态所反映出的社会结构与演变状况、二里头都邑出现与衰亡所依凭的自然环境和社会背景乃至中原地区的社会复杂化进程都有了初步把握，这进一步强化了它在中国早期国家与文明研究中的重要地位。

曾于上一阶段为学界所广泛关注的二里头文化古史性质、二里

---

① 许宏、陈国梁等：《二里头遗址聚落形态的初步考察》，见本书。

头文化与国家、文明关系这两项议题，在这一阶段也发生了显著的变化。就前者而言，随着20世纪90年代后期以来"二里头主体或全为夏都说"逐渐成为学界共识，对其讨论则渐呈沉寂之势。至于相关不同意见的提出[①]，多基于新的考古、年代学材料与研究成果，因而颇具理论与方法论上的意义。从后者来看，二里头遗址与二里头文化作为"中华文明探源工程"项目中的关键一环，其在中国国家、文明起源中的重要地位不仅愈加凸显，而且在研究内容上，学界将更多的精力放在它们所反映出的国家、文明社会出现与发展的背景、动力、模式与机制等方面，取得一系列重要的研究成果。

上述田野与研究工作的特色，在这一阶段的代表性成果《二里头（1999—2006）》中得以比较全面的体现。其版面字数达420多万字，是迄今为止中国遗址类报告中体量最大的一部。总体看来，该报告在聚落考古理念的基础上，以区域为纲，既有遗存综述，又按照最小单位尽可能全面地发表材料，便于将材料回归到原单位进行再研究。同时，多学科广泛参与到遗址的发掘与研究之中。报告中多学科分析研究部分占据了正文的三分之一，涉及测年、环境、植物、动物、物理、化学及空间分析等领域。研究人员遵循考古学的

① 张雪莲、仇士华：《关于夏商周碳十四年代框架》，《华夏考古》2001年第3期。程一凡：《亳与偃师二遗址的关系》，《二里头遗址与二里头文化研究》，科学出版社，2006年。姜寅虎：《对二里头遗址最新测年报告的学术思考》，《二里头遗址与二里头文化研究》，科学出版社，2006年。殷玮璋：《夏文化探索中的方法问题——"夏商周断代工程"结题后的反思（二）》，《河北学刊》2006年第4期。朱乃诚：《时代巅峰 冰山一角——夏时期玉器一瞥》，《玉魂国魄：玉器·玉文化·夏代中国文明展》，浙江古籍出版社，2013年。许宏：《关于二里头为早商都邑的假说》，见本书。李峰：《郑州大师姑城址研究》，科学出版社，2018年。毕经纬：《"中期质变"视野下的夏代考古学文化》，《历史研究》2018年第1期。

研究思路，借助自然科学相关学科的方法与技术，对遗址所在的区域进行勘探、调查和采样，对出土的大量遗物进行多种鉴定、测试和分析研究，从而深化了对二里头遗址各时期的绝对年代、自然环境特征、人类自身与体质相关的特征、人类的多种生存活动以及生产行为特征等的认识。对此，张国硕先生评价：《二里头（1999—2006）》是聚落考古研究的典范，是迄今为止科技考古各个领域介入最多、成果最为突出的考古报告[①]。要之，按遗存单位全面刊布原始资料的技术路线，对二里头遗址聚落形态的系统揭示，以及多学科合作研究的理念与收获，构成了本报告较为鲜明的学术特色。此外，报告中并未提及二里头文化古史性质问题，仅强调二里头遗址在探索华夏文明源流、中国早期国家形成上所具有的重要意义。将相对客观的基础资料的刊布与主观色彩偏浓的阐释推断区分开来，是夏鼐先生主政中国社会科学院考古研究所以来确立的一项基本学术规范。田野考古报告《二里头（1999—2006）》对二里头文化古史属性问题的述而不作，也被认为是中国田野考古报告刊布上从注重研究的取样型报告转向全面公布材料的资料型报告的一个缩影。

总之，在以聚落考古理念为基础的二里头文化田野考古工作取得突破性进展的前提下，在夏文化、夏商分界研究取得一定共识且渐趋沉寂的背景下，将更多的精力转向以全面复原古代社会为主要目标的社会考古学探索，无疑代表了20世纪90年代中后期以来学界出现的一种新的学术取向和研究思路。

---

① 张国硕：《聚落考古研究的典范——读〈二里头（1999—2006）〉考古报告有感》，《先秦历史与考古研究》，科学出版社，2016年。

三

赵辉先生在总结中国文明起源问题的研究历程时指出："将中国文明研究放在研究史中考察则不难发现，它无非是考古学在基础研究领域积累到一定程度以后，学科向更深层次发展诉求的一个集中体现。此前，学科阶段性的核心任务是物质文化史的复原。当这个任务解决到相当程度时，学科便会产生向新阶段过渡的诉求，其标志是某种新课题被提出来，成为学科下个阶段的核心任务。"①近来他又谈及："我认为中国考古学从20世纪20年代产生以来到现在，在不到一百年的历史中一共分为两期，经历了物质文化史的重建和古代社会的复原两个阶段。"②对此，栾丰实先生也有类似的表述："目前，中国考古学研究的重心正处于由原来的建构文化谱系、描述文化过程为主的文化史研究，向人、社会、资源和环境及其相互关系为主的社会考古学研究方向转移。"③

不难发现的是，以20世纪90年代中后期为界，二里头遗址与二里头文化田野工作理念及重心的转变、综合研究中呈现出的新态势及考古报告编写模式的变迁，都表明二里头文化遗址的发掘与研究正是中国考古学从物质文化史研究为主的阶段向社会考古学为主干的新阶段转型的一个缩影。

在这一背景下，当前二里头文化研究正呈现出基础研究与整合

---

① 赵辉：《考古学关于中国文明起源问题的研究》，《古代文明》第2卷，文物出版社，2003年。

② 赵辉：《中国新石器时代考古的过去与现在——在武汉大学"珞珈讲坛"上的演讲》，《江汉考古》2018年第1期。

③ 栾丰实：《序》，《东方考古》第1集，科学出版社，2004年。

研究并重、不同学术思路与学术取向共存的态势。此前围绕狭义历史复原的阐释热潮基本限于"可知论"内部的论争；而后一阶段，"有条件的不可知论"在方法论上的反思引人注目。

所谓"可知论"，即认为后世文献（大多属战国至汉代）中至少有一种说法是正确的，属于"信史"；而某一考古遗存应当甚至肯定是某族或某一王朝的遗存。可知论者内部论争的焦点，在于对文献中哪些记载为信史，何种遗存属某王朝（族属）的指认不同而已。具体来看，在这一认知框架下，属于狭义历史复原范畴内的夏文化探索与夏商分界研究方兴未艾，学界尝试在龙山文化、龙山文化与二里头文化之间、二里头文化一至四期、二里头文化与二里岗文化之间做出分割，几乎所有的可能性都已被提出，以期确认何为夏文化、何为商文化。

需要强调的是，学界所面对的基本材料是一致的，所采用的研究方法也大致相同，但在二里头文化古史归属研究中却得出了如此之多不同的观点且长期聚讼纷纭，不得不说是一个极具特色的学术现象，其背后所蕴含的本质问题——考古学学科的特质与短长，值得重视。

总体看来，考古学的学科特点，决定了其以长时段的、历史与文化发展进程的宏观考察见长，而拙于对精确年代和具体历史事件的把握。可以认为，考古学仅可提供某一人类共同体的社会发达程度是否接近或达到国家（王朝）水平的证据，却无法在没有直接文字材料的情况下证明狭义史学范畴的具体社会实体如夏、商王朝的存在。到目前为止，我们还没有确切的证据来排除或否定任何一种假说所提示的可能性；出土文字材料的匮乏、传世文献的不确定性，导致我们对早期王朝的纪年等问题只能作粗略地把握①。

因此，"有条件的不可知论"主张在没有甲骨文一类当时的自证性文书资料出土的情况下，是不可能彻底解决二里头文化的族属和王朝归属问题的。这主要是由二里头文化所处的历史时代所决定的。

现代中国考古学诞生后，在对中国上古史所做的分期描述中，一直存在着历史文献学和考古学两大话语体系。前者以神话传说表述远古时期，在进入历史时期后，一般采用朝代名；后者习惯以考古学文化来命名史前时期，已被证明为信史者则与文献史学合流，亦冠之以朝代名或主要诸侯国名。只是在这种情况下，两大话语系统才归于一系②。殷墟因有甲骨文的出土及成功释读而成为第一座自证"身份"的都邑，走出了"传说时代"，从而成为目前历史文献学和考古学两大话语体系合流的上限。而早于它的二里头文化，则属于已经发现了零星的直接文字材料，为若干后世文献（间接文字材料，属于口传历史而非编年史③）所追述，主要依靠考古材料来研究，但还不足以确认其"历史身份"的人们共同体的遗存。

所以到目前为止，在二里头都邑及二里头文化背后人群的族属和王朝归属问题上，还不能排除任何假说所代表的可能性④，二里头都邑王朝归属之谜的最终廓清，仍有待于包含丰富历史信息的直接文字材料的发现和解读。对此，夏鼐先生曾在多个场合有过相关表

① 许宏：《方法论视角下的夏商分界研究》，《三代考古》（三），科学出版社，2009年。
② 许宏：《略论二里头时代》，见本书。许宏：《商文明——中国"原史"与"历史"时代的分界点》，《东方考古》第4集，科学出版社，2008年。
③ 许宏、刘莉：《关于二里头遗址的省思》，见本书。
④ 许宏：《关于二里头为早商都邑的假说》，见本书。

述①。近年来，学术界对这一问题更有丰富而深刻的论述②。

事实上，作为广义历史学的重要组成部分，中国考古学与文献史学（狭义史学）在终极目标上是一致的，它们都是探究社会历史的方法和手段。然而二者在研究对象上存在较大差异，前者以古代人类遗留下来的实物资料作为研究对象，后者则主要以基于文字记载的文献材料为研究对象。这种不同进而决定了二者研究路径和方法迥异。考古学与文献史学可以从不同视角、以不同的方法手段共同致力于对大历史的建构。对于考古学研究而言，文献史学确能为我们开展田野调查或研究提供某些有益的线索，但这并不意味着过早地开展二者的整合研究会有助于复原古代人类社会及学科自身的发展。淡化对考古学遗存背后早期人群的族属或王朝归属这类并非学科所长的议题的探究，把更多的精力转向以聚落考古为基础的社会考古学研究，应是未来中国考古学发展的方向。我们相信，各学科着力做好本体研究，分进合击，慎重整合，这将拓展各自研究的广度与深度，同时也将对探索人类历史文化发展进程做出自己独特的贡献。

（《南方文物》2019年第2期）

---

① 夏鼐：《中国文明的起源》，文物出版社，1985年，第96页。张立东、任飞编：《手铲释天书——与夏文化探索者的对话》，大象出版社，2001年。
② 朱凤瀚：《论中国考古学与历史学的关系》，《历史研究》2003年第1期。陈淳、龚辛：《二里头、夏与中国早期国家研究》，《复旦学报（社会科学版）》2004年第4期。陈淳：《从考古学理论方法的进展谈古史重建》，《历史研究》2018年第6期。

田野操微

焦

点

二

里

头

二里头遗址聚落形态的初步考察^①

1999年，适值徐旭生先生等踏查二里头遗址40周年。从这年秋季起，中国社会科学院考古研究所二里头工作队将解决遗址的聚落形态问题作为其后一段时期里二里头遗址田野工作的重点。通过四年多的系统踏查、钻探与重点发掘，并结合以往的田野工作成果，我们对遗址的规模、结构、布局及所处环境等问题有了进一步的了解。下面就勘查工作的基本收获谈谈我们的初步认识。

一、遗址的范围、现存状况与微环境

自1959年二里头遗址的调查材料首次公布以来，有关遗址规模与面积的说法不一，由1.5平方公里至9平方公里不等，遗址现存状况及其成因也不甚清楚。1999年秋至2000年春，我们首先对整个遗址上各种现代建筑物的占地情况进行系统摸底，做了全面测绘，并在此基础上，首次对遗址边缘地区及其外围进行了系统钻探。2000年秋，我们在遗址的东缘进行了重点发掘。上述田野工作的收获可

———————————

① 本文与陈国梁、赵海涛合著。

大致归纳如下。

（一）遗址的分布范围和现存规模

钻探与勘察结果表明，现存遗址范围北至洛河滩（北纬34°42′23″），东缘大致在圪当头村东一线（东经112°41′55″），南到四角楼村南（北纬34°41′10″），西抵北许村（东经112°40′16″）。

遗址略呈西北—东南向，东西最长约2400米，南北最宽约1900米，现存面积约300万平方米。需要说明的是，现洛河北岸的古城村西发现有二里头文化时期的遗物，但与现遗址北缘有600余米宽的洛河河滩相隔，钻探中也未发现连片的文化堆积，其是否属二里头遗

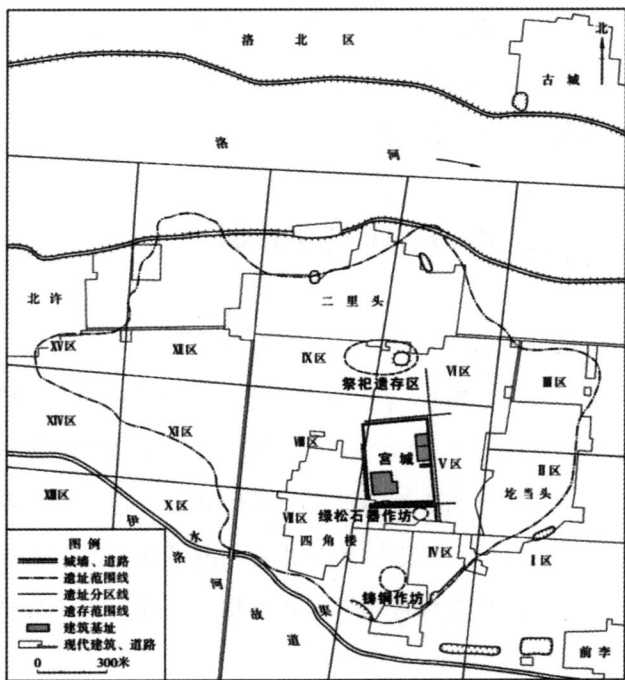

图1　二里头遗址平面图

址的分布范围已不得而知。在约300万平方米的现遗址范围内，二里头、圪当头和四角楼诸行政村现代建筑的压占面积近100万平方米（图1）。

（二）遗址现存状况及其成因

由钻探可知，遗址的北部及东北部边缘以外的堆积以黄沙土或沙土夹黄褐、红褐色黏土为主，地势逐渐降低，系改道后的洛河泛滥冲刷区。遗址在这一带遭严重破坏，其北部的原始边缘已无法廓清。

遗址东缘外也分布着大范围的淤土、淤沙层，地势渐低。2000年秋，我们在这一带进行了发掘，得知前述淤土、淤沙层系清代及其以后现洛河泛滥所致。外围淤积区与二里头文化时期的文化堆积之间，尚有10余米以上的生土地带。因此，现存二里头遗址的东缘应属遗址的原始边缘，而非晚期破坏所致。

遗址东南边缘以外的堆积以红褐或黄褐色黏土淤积层（淤泥）为主，这一带现仍有高差在2米~3米的断崖，虽受到一定程度的自然和人为的破坏，但遗址原边缘应距现存断崖不远，当时即为临古伊洛河①的高地。

遗址南部至西南部边缘以外的堆积以红黏土及灰褐淤泥（俗称青渍泥）为主，这一带系伊洛河故道河床内及近旁的低洼沼泽区，上述灰褐淤泥应即长期静态积水浸泡所致。此处河道的摆动对遗址有一定的破坏，但遗址临河的南部边缘应大体在这一线（南缘偏东尚有断崖）。遗址西南缘向北大面积收缩，其外即为灰褐色淤泥堆

---

① 古伊河、洛河汇合于二里头遗址以西，从严格的意义上讲，流经二里头遗址南的河段应称为古伊洛河。

积，这与洛阳矬李、皂角树遗址的发现相同，二里头遗址西南缘应临古伊洛河旁的牛轭湖。

遗址西部和西北部一线，文化堆积以外即为生土，局部为晚期遗存所扰，这一带应大体为遗址的原始边缘。西缘较其外的地域无明显高差，与汉魏故城南郊一带古伊洛河北岸的条状微高地连为一体。

在西高东低的洛阳盆地中，海拔120米等高线分别位于遗址以西1公里余、以北2公里余、以南近4公里处。而二里头遗址范围内的海拔高度大多为119米～121米，形成凸起的台地，以东南部和东部最高，最高海拔达121.5米左右。遗址外围（以东、以南）的海拔高度则为117米～118米[①]。

（三）作为遗址边界的沟状堆积

钻探中在遗址东北部至东缘一带发现了1处沟状堆积，已知长度达500米左右，宽10米左右。由发掘得知，这一沟状堆积主要为二里头文化早期取土所致，至晚期尤其是二里头文化四期时成为垃圾集中倾倒处。因其间有多处中断，可初步排除其作为防御性壕沟存在的可能，但它作为二里头文化时期文化堆积和其外生土的分界线，应具有区划的作用，是二里头遗址的东部边界。

考虑大沟内土的容积，非一般聚落建房用土所能消化，因此不排除用于宫殿类大型夯土建筑取土，或大型制陶作坊采取原料土的可能，而这一取土沟附近尚未发现这类需大量用土的遗迹。由钻探结果可知，这一沟状堆积与距其最近的夯土房址集中分布区之间，

---

① 《偃师二里头》第6页称遗址中心地带"一般为海拔102米"。实际上，该报告中图3（地形平面图）所示等高线标高应为相对高程而非海拔高程。

尚有宽约100余米的堆积较薄的地带。因此，可以认为这一取土沟是经过有意规划而非随意挖成的。

二、遗址的布局大势

由上述钻探和发掘结果可知，遗址现存范围的东、南、西缘大体接近于原始边缘，唯其北缘还可能向北有一定的延伸，但不会超过古城村西，最大可能是位于现洛河河床内。鉴于此，遗址范围的地理中心点应在IX区南部，即现二里头村南、汉冢以西一带。重要遗存分布区均位于该地理中心点及其以东、以南的微高地，即遗址的东南部。

从这一认识出发，我们可以根据已知的材料粗略地勾画出遗址的布局大势和总体结构。整个遗址可分为中心区和一般居住活动区两大部分。墓葬、陶窑等则在多处地点均有发现。

（一）遗址中心区

位于遗址的东南部至中部一带。由宫殿区、铸铜作坊区、祭祀活动区和若干贵族聚居区组成。

1. 宫殿区　面积不小于12万平方米，主要位于遗址东南部（V区）。外围有垂直相交的大道，晚期筑有宫城（详见后文）。大型夯土建筑基址仅见于这一区域。

2. 贵族聚居区　位于遗址东部、东南部和中部（II～IX区），即宫城周围。中小型夯土建筑基址主要发现于这些区域。如20世纪70年代III、V区普探中发现的30余处夯土基址中的大部分，就较为集中地分布于宫城以东和东北一带，其面积一般在20平方米～400平方米之间。在近年的钻探和发掘中，我们又在这一带发现了10余处中小型夯土基址。宫城以南、以西也均发现有夯土遗存。位于宫城西北的IX区也曾发现有面积逾200平方米的夯土建筑基址。中型墓葬（一般有木质葬具、铺朱砂，随葬铜器、玉器、漆器、陶礼器及其他奢侈品等）的分布与上述夯土建筑基址的分布大体一致。其中宫城东北的III区和以北的VI区，是中型墓葬最为集中的两个区域。

3. 铸铜作坊区　面积在1万平方米以上，位于遗址南部偏东（IV区），宫殿区之南200余米处。在作坊区南部发现壕沟遗迹1处，宽16米以上，深约3米，已知长度逾100米。

4. 祭祀活动区　位于遗址中、东部，宫殿区北和西北一带（VI、IX区南部）。这一带集中分布着一些可能与宗教祭祀有关的建筑和其他遗迹。主要包括圆形的地面建筑和长方形的半地穴建筑及附属于这些建筑的墓葬。目前已经掌握的范围东西连绵约二三百米。

（二）一般居住活动区

位于遗址西部和北部区域（VII、VIII区西部，XI、XII、XIV、XV区及VI、IX区北部）。常见小型地面式和半地穴式房基及随葬品以陶器为主的小型墓葬。此前在遗址西部工作不多，情况不甚明了。1999年秋，我们对遗址西部的XI、XII、XIV、XV区进行了布网式铲探。总体上看，这一区域的文化堆积不甚丰厚，且遭晚期遗存破坏严重，属遗址中心区以外的一般性居住活动区域。其中，属XII区的二里头村西北一带的文化遗存相对较丰富，或为一集中居住区。

（三）墓葬与其他手工业遗迹

据已发表的材料，迄今为止在该遗址上已发掘的二里头文化时期的墓葬达400余座。墓葬散见于遗址各处，一般与居住区无严格的区分。往往与早于或晚于它的二里头文化堆积相互打破叠压，说明墓地与居址随时间的推移可相互转换。同时，还常见墓葬分布于当时的居住区或日常活动区内，如路土之间、建筑的近旁、庭院内甚至房屋内的情况。迄今尚未发现集中分布而长期沿用的墓地。

陶窑在遗址上分布较为分散，尚未发现成片的制陶窑址。与制作骨器相关的遗存（出有废骨料、骨器半成品和砺石的灰坑等）在多处地点都有发现，而以Ⅲ区和Ⅵ区的两个地点（宫城以东和以北）最为集中，其周围应有制骨作坊。

最近，我们在宫殿区南部，又发现了一处出有绿松石废料的灰坑，应与绿松石器制造作坊有关。

我们试图搞清二里头遗址究竟是一个超大型聚落，抑或是一个由若干个聚落组成的大聚落群。从遗址西部的钻探情况看，虽其间有个别空白点，但文化堆积大体上连续分布；由以往的钻探与发掘结果，可知作为中心区的东部堆积更为丰厚，绝少中断。总体上看，目前还难以将整个遗址区分为若干相对独立的聚居点。

三、中心区的路网、宫城及其内的遗迹分布

2001年秋开始，我们又以寻找遗址中心区的道路网络为切入点，在已知宫殿区及其外围的Ⅲ、Ⅳ、Ⅴ、Ⅵ区进行了大规模的钻探，初步查明了宫殿区周围的道路分布状况。同时，对宫殿区东部展开了大规模的发掘，揭露出大型夯土基址群，基本上搞清了这一

区域宫室建筑的布局及其演变过程。2003年春季至2004年春季，又在夯土基址群的外围发现并确认了宫城城墙和宫殿区外侧道路系统的存在。

（一）中心区的道路网

位于宫殿区外侧的四条大路垂直相交，其走向与1、2号宫殿基址方向基本一致，略呈井字形，显现出方正规矩的布局。路土一般宽12米~15米，最宽处达20米。由发掘而知，这几条大道的使用时间均较长，由二里头文化二期沿用至二里头文化四期或稍晚。

（二）宫城城墙

宫城总体略呈长方形，城墙沿已探明的4条大道的内侧修筑。东、西墙的复原长度分别为378米、359米，南、北墙的复原长度约分别为295米、292米，面积约10.8万平方米。

四条大路及宫城围起的空间，囊括了以1、2号宫殿基址为首的大型夯土建筑基址。除1、2号基址外，前述20世纪70年代普探发现的30余处夯土遗存中规模较大者（400平方米以上）仅5处，全部位于这一空间范围内。

（三）宫殿区的遗迹分布

由于2号宫殿基址利用宫城东墙而建这一现象的确认，可知2号基址地处宫城的最东端。1号宫殿基址位于2号基址西南约150米。在20世纪70年代的钻探中，已发现1、2号基址之间分布着若干处夯土基址。我们在近年的钻探中，又在这一区域发现有大面积的路土遗迹、数百平方米的卵石活动面（广场？）和若干条小型道路及数处夯土基址。新发现的小型道路一般宽5米~6米，有的铺有卵石，见于2号基址南、北侧及1号基址周围等处。

在考察宫殿区的总体布局时，我们注意到，1号宫殿基址的东北部向内凹进一角。凹进的这一区域东西宽20.8米，南北长47.8米，总面积约1000平方米。我们推测，这种建筑格局形成的最大可能，是这一区域系一极为重要的、不可压占的重要场所或已存在不可拆移的重要建筑物。带着这个问题，我们对这一区域进行了全面的勘查。由钻探结果知，这一带受晚期遗存破坏严重，在较厚的近代和汉代层下，普遍存在二里头文化时期的垫土，垫土特征大体一致，质地纯净，厚约0.3米～0.5米，其下即为生土，生土面大大高于1号宫殿基址的基槽底面。个别探孔还见有残存的路土。据此，我们推测这一区域应系一广场，其功能和性质还有待于进一步究明。

2001年秋以来，我们在宫殿区东部进行了较大规模的发掘。发掘确认在二里头文化晚期阶段，宫城东部分布着一组数座南北排列的大型建筑基址，2号基址是其中的一个组成部分，在其前、后方分别发现了4号和6号两座基址。这些建筑遗存保持着统一的建筑方向和建筑规划轴线。晚期的这组建筑基址，叠压着一座（或一组）相当于二里头文化早期阶段的大型建筑（3号基址）。其西还分布有一至二座与后者同时的大型夯土基址（5号基址）。上述迹象表明，这一区域在二里头文化早期阶段即已存在大规模夯土建筑基址群（详后）。

四、聚落的历时性变化与相关问题

依据四十余年的勘察发掘材料，可将二里头遗址先秦时期的遗存分为6个大的阶段，各阶段聚落形态的演变情况可作如下的归纳。

（一）遗址第1、2期——仰韶文化晚期至龙山文化

这类遗存仅分布于遗址南部，尤以沿古伊洛河北岸的近河台地一线最为丰富。发掘中于IV区东部、南部，III区南部分别发现有仰韶文化晚期遗存，遗址西南部的北许村东南（XIV、XV区交界处）地表也见有仰韶文化陶片。在IV区和V区南部还发现有庙底沟二期文化和王湾三期文化的零星遗存。可知仰韶文化晚期至龙山文化时期，这里分布着若干小型聚落。

（二）遗址第3期——二里头文化一期

由发掘材料可知，二里头文化一期遗存见于II～VI、VIII、IX等区，范围逾100万平方米。因遗迹遭破坏严重，发现数量较少，分布稀疏，此期遗存究竟属一个大型聚落抑或是由数个聚落组成的一个遗址群，尚不得而知。无论上述哪种情况，其已显现出不同于同时期一般聚落的规模和分布密度。遗存中已有青铜工具、象牙器、绿松石器等规格较高的器物和刻划符号发现。此期的二里头遗址很可能已成为中心聚落，它的出现奠定了二里头遗址日后全面兴盛的基础。

（三）遗址第4期——二里头文化二期

二里头文化二期遗存基本上遍布已发掘区域，文化堆积丰厚。遗

址总面积应已达到数百万平方米，遗址东南部的微高地成为宫殿区。

已在整个宫殿区的东、中部发现了大型夯土建筑基址群。其中3号基址系一座（或一组）长逾150米，宽在50米左右的大型多院落建筑基址，其内排列着成组的中型墓葬，出有铜器、玉器、漆器、白陶器、原始瓷器、绿松石工艺品、蚌制工艺品、海贝等随葬品多量。院内还设有石砌渗水井，并发现有水井、窖穴等遗迹。东西并列的3、5号两座大型建筑间的通道下埋设建筑考究的木结构排水暗渠。已在5号基址东缘发现有大型柱础和墙槽遗迹。5号基址以南也曾发掘出大面积的夯土台基。基址群以外是纵横交错的大道。

进入此期，宫殿区以南兴建了铸铜作坊。宫殿区东北至西北的Ⅲ、Ⅵ、Ⅸ区发现有此期的中型夯土建筑基址和中型墓葬。在近年的发掘和剖面观察中，我们于1号基址以西、以南又分别发现了属于此期的夯土遗存，其范围已超出晚期宫城城墙。表明二里头遗址在二里头文化二期进入了全面兴盛的阶段。

（四）遗址第5期——二里头文化三期

从遗存的分布范围和内涵看，二里头文化三期持续着二期以来的繁荣。宫殿区、铸铜作坊与道路网络系统等重要遗存的总体布局基本上一仍其旧。但值得注意的是，与上一期相比，此期遗存也出现了若干显著变化，近年发掘的宫殿区东部的材料可使我们对这些变化的细节有所把握。

其一，此期在宫殿区周围增筑了宫城城墙，新建了一批夯土基址。

其二，二里头文化二期的夯土基址（3号基址）废弃于二、三期之交，其后，始建于此期的2号基址，以及位于其正前方的4号基址

是在对3号基址的遗墟做了平毁夯填处理的基础上重新兴建的。两个
时期的建筑格局，由一体化的多重院落布局演变为复数单体建筑纵
向排列。同时，二、三期的建筑基址又基本上保持着统一的建筑方
向和建筑规划轴线。

其三，位于宫城西南部的1号和7号、宫城东部的2号和4号基
址，分别依同一条建筑轴线而建，显现出明确的中轴对称的建筑理
念；4座基址夯土台基大体相近的长宽比例则表明当时的宫室建筑已
存在明确的营造规制。

其四，随着宫城城墙与1、2、4、7、8号等新的大型夯土建筑
基址的兴建，宫殿区内富有生活气息的遗迹骤然减少。如1959年至
1978年的发掘中，宫殿区的揭露面积达18000余平方米，但见于报
道的属于三期的遗迹除了1、2号夯土基址外，仅有平台式基址1座
（VF3，位于宫城南墙外）、灰坑数个（主要分布于VF3附近和4号
基址南），1、2号基址内几无同时期的其他遗迹发现。近年宫殿区
的发掘中也少见三期遗存。这与宫殿区周围及其他区域三期遗存的
丰富性形成了鲜明的对比。

上述现象是否暗寓着宫殿区内的若干建筑基址的功能和性质，
乃至宫殿区内的功能分区发生了变化，还有待于进一步的探索。值
得注意的是，某些建筑基址内罕见或基本不见与日常生活相关的遗
迹的现象，与偃师商城宫殿区的情况颇为相似。

（五）遗址第6、7期——二里头文化四期—二里岗下层文化早段[①]

这一阶段的遗存在遗址中心区分布密集，周围地区则较此前有所减少，但遗址规模并未缩小。

宫殿区仍延续使用，范围甚至有所扩大。1、2、4、7、8号等始建于三期的夯土基址、宫城城墙及周围大路等均未见遭遇毁灭性破坏的迹象。宫殿区范围此期遗存的丰富程度远远超过三期。在宫殿区东部还发现了增筑于此期的庭院围墙和大型基址（6号基址）；宫殿区南部又新建了一道夯土墙，已探明长度达200余米，夯筑质量高于宫城城墙。

铸铜作坊延续使用至二里头文化四期。墓葬所见青铜容器和玉器等礼器的数量和质量均超过三期。形体较大、制作精美的陶器也屡有发现。青铜兵器始见于此期，个别中型墓葬和青铜容器的下限可能已至二里岗下层文化早段（偃师商城第一期）。

遗址中罕见相当于二里岗下层文化晚段的遗存，表明遗址此时全面衰败，人烟稀少。

（六）遗址第8期——二里岗上层文化早段

此期遗存在周边区域虽偶有发现，但集中分布于宫殿区一带，集中分布区的面积约30万平方米。其文化层及小型房址、灰坑、墓

[①] 目前，关于二里头文化四期与二里岗下层文化早段（约当偃师商城第一期）在年代上的相互关系，以及相关遗存单位的文化归属问题还存在着不同的看法。详见，郑光：《二里头陶器文化论略》，《二里头陶器集粹》，中国社会科学出版社，1995年。王立新：《早商文化研究》，高等教育出版社，1998年。中国社会科学院考古研究所河南第二工作队：《河南偃师商城宫城北部"大灰沟"发掘简报》，《考古》2000年第7期。问题的症结主要在于已发表的材料中，尚没有能够确证二者早晚关系的层位依据，目前的研究还仅限于类型学上的比较推断。

葬等遗迹叠压或打破宫殿基址。无高等级的遗物发现。

至此期,二里头遗址沦为一般聚落。

五、对遗址聚落形态研究的前瞻

近年,我们把二里头遗址田野工作的主要精力,放在对遗址结构和布局的探究上。虽取得了一定的成果,但应当说从聚落考古学的角度对二里头遗址所进行的深度探索还刚刚起步。仅就庞大的宫殿区而言,其空间构造及其演化过程的许多细节都还有待进一步究明。纵横交错的大道、方正规矩的宫城、宫城内数组各具中轴线的大型建筑群,都还只是一个骨架和轮廓。在宫城城墙发现后,人们自然关心这一中心区经过严整规划的大型都邑遗址的外围,是否还存在城墙、城壕类的防御性设施;铸铜遗址这一当时“高科技产业基地”的总体存在状况如何,是否也存在防御设施。另外,到目前为止,我们还没有发现与规模宏大的宫室建筑相应的大型墓葬,集中而长期使用的墓地也基本无线索可寻;对一般居住区的状况也知之甚少;关于二里头文化早期阶段遗存的总体布局状况,了解起来难度更大。上述问题的解决,都有赖于确立明确的学术目的,订立中长期计划,以重要遗存为突破口,全面系统地加以探究。

在二里头遗址发掘的同时,我队还于近年对遗址所在的洛阳盆地中东部区域进行了大范围的系统调查。对遗址所在区域环境及所处聚落群作进一步地宏观考察,将会深化我们对二里头遗址所处历史与自然环境的认识,有助于我们把握其在所处聚落网络系统中的位置,以及其所在聚落群的社会结构等。

(《考古》2004年第11期)

二里头1号宫殿基址使用年代刍议

关于二里头遗址1号宫殿基址（以下简称"1号基址"）的年代，发掘者在1974年首次公布的发掘简报中推定为二里头文化第三期。此后，这一推断几成定论。近年，始有学者在全面系统地分析相关材料的基础上，提出其应废弃于二里头文化第四期早段与晚段之间的观点①。对1号基址年代的推断，多与学者当时所持夏商王朝分界的观点相呼应，即一般把1号基址的废弃，看作是王朝更替的一个重要标志。无论如何，1号基址的存在年代，对于探讨与二里头遗址和二里头文化相关的一系列问题有极为重要的意义。笔者拟就以往的原始材料作进一步地检讨，结合近年的有关新发现，提出自己对1号基址使用年代的认识。

一、发掘者的分期方案及其变化

《简报》对1号基址的年代推断是，"宫殿台基上面有二里头

---

① 杜金鹏：《二里头遗址宫殿建筑基址初步研究》，《考古学集刊》第16集，文物出版社，2005年。

遗址四期的灰坑和墓葬，下面有二里头遗址二期的灰坑，上下地层关系清楚，这座宫殿建筑是二里头遗址三期的"。1999年出版的正式发掘报告《偃师二里头》也有类似的表述："第1号宫殿建筑基址的上面有二里头文化四期的灰坑，下面叠压着二里头文化二期的灰坑，宫殿基址里面包含有二、三期之间的陶片，宫殿基址应属于二里头文化三期。"

上述年代推断的观点大体一致，但均未明确区分建筑年代与使用年代。就建筑年代而言，这一推断无疑是妥当的，但材料的交代仍嫌简略。研究者依据这些层位关系，只能得出大致的年代范围，而无法确知其具体的年代上下限。邹衡先生早年的表述最具有代表性："这座巨型夯土台基的时代属于夏文化晚期第三、四段（即二里头文化第三、四期—引者注）之间，或属第三段。"[1]

关于1号基址具体的兴建与废毁年代的推断，最早见于发掘主持人赵芝荃先生在《简报》之后发表于20世纪80年代的论文。"这座宫殿建于三期之初，使用于三期之际，发展到四期被毁，上面堆积着灰土坑、烧陶窑址、小型墓葬和散乱的人骨。一期之隔，竟有天渊之差，如不经历重大政治变动，似无可能。"[2]

在1号基址区域内，有一组重要的遗迹及其层位关系，可以使我们对基址的建造年代有更确切的了解。这就是墓葬62VM22及其与1号基址的关系。

M22"位于第V发掘区T33D内"，1号基址东南角以外。该墓系一座中型墓，墓中铺朱砂，随葬铜铃、绿松石大扁珠、贝和陶器

① 邹衡：《试论夏文化》，《夏商周考古学论文集》，文物出版社，1980年。
② 赵芝荃：《论二里头遗址为夏代晚期都邑》，《华夏考古》1987年第2期。

若干。这是1号基址区域内规格最高的一座墓葬。发掘简报将其定为"晚期"即第三期,《报告》则改定为二期。近来不少学者指出其应属三期(早段)[①],是妥当的。从1号基址平面图上看,该墓位于基址东南廊以外,似乎与基址没有直接的层位关系。《报告》在介绍该墓时也未述及层位关系。经查对发掘记录,该墓为所在探方62VT33⑥层所叠压,而⑥层又为1号基址台基边缘夯土所压(台基基槽大于其上建筑遗迹的范围)。记录将T33⑥层定为"二里头三期之前期",即三期早段[②]。

由是可知,1号基址的建筑年代不早于T33⑥层和M22的年代即二里头文化三期早段,早不到三期初或二、三期之交。

在此后的文章中,赵先生又对1号基址的废毁年代作了进一步阐述:"二里头遗址作为夏代晚期都邑,其1号宫殿建造与使用的年代为二里头三期,其上堆积着二里头四期的灰土坑、小型墓葬、散乱的人骨和烧制陶器的窑址。一期之隔竟有天壤之别,如不经历重大政治改革,实无可能,因此,可以把夏王朝的年代下限推断为二里头三期之末。"[③]"这座宫殿是经大火焚烧之后被废弃的,年代在二里头文化三期、四期之间。"[④]

① 杜金鹏:《读〈偃师二里头〉》,《考古》2000年第8期。李志鹏:《二里头文化墓葬研究》,《中国早期青铜文化——二里头文化专题研究》,科学出版社,2008年。陈国梁:《二里头文化铜器研究》,《中国早期青铜文化——二里头文化专题研究》,科学出版社,2008年。
② 中国社会科学院考古研究所二里头工作队资料。
③ 赵芝荃:《二里头文化与二里岗文化》,《庆祝苏秉琦考古五十五年论文集》,文物出版社,1989年。
④ 赵芝荃:《探索夏文化三十年》,《中国考古学论丛》,科学出版社,1993年。

我们注意到，这与发掘者在发掘之初的认识是有变化的。

关于1号基址之上二里头文化第四期遗存，《简报》中介绍到，"台基上面的灰坑和与之同时期的灰坑共有50多个……时代都是二里头第四期的。位于台基中部的几个灰坑较大，填土较纯，形制特殊，有的里面还有人骨架。例如H80口部有三座墓葬，一座是躬身屈肢葬，两座是俯身葬。H108内有具俯身葬的人骨架和一具兽骨"。"台基上面发现墓葬10座，台基附近发现墓葬2座，共12座，时代属二里头遗址四期。台基上面墓葬的形制比较特殊，例如M55……M60的墓穴是浅圆坑，位置恰在殿堂南面西起第二檐柱的外面……M62的人骨是在灰坑里面发现的……M51位于台基的北部边缘处……M59恰在南墙基内侧柱子洞之间。"

由此可见，在发掘之初，发掘者是把上述第四期遗迹当作1号基址使用时期的遗存来看待的。形制和内涵特殊，位置不同寻常的灰坑、墓葬等，被用来阐释1号基址特殊的性质。如《报告》第五章宫殿建筑基址部分的执笔者方酉生先生曾著文道："M60和M59，无疑都是建筑宫殿时使用的'奠基坑'，可见这座宏伟的建筑群，在当时绝不是普通的民居，而应该是一座最高统治者国王施政的场所或祭祀祖先的宗庙。"[①]这些被发掘者确定为二里头文化第四期的遗迹，是否为1号基址始建时的"奠基坑"还可以讨论，但上述推论至少可以说明发掘者是曾把这些遗迹与1号基址联系起来考虑的。

但在后来的《报告》中，上述遗迹中的若干单位被归为二里头文化第三期，作为1号基址的组成部分加以介绍。其中深坑H80未发表遗物；M27、M52、M54、M55、M57等5座墓葬中无任何遗物发

---

① 方酉生：《偃师二里头遗址第三期遗存与桀都斟寻》，《考古》1995年第2期。

现，无法确定其具体期别；H79、H83两口水井的始掘年代则仅为推测（详后）。其他第四期遗存则均被排除于1号基址之外，作为其废毁的标志。

《简报》与《报告》的分期方案因何有如此的变化，引人注目。从研究史的角度看，这种变化与发掘者夏商王朝分界观的变化——从二里头文化二、三期分界说转变为三、四期分界说——是同步的，从中可以窥知发掘者研究思路的变化。在这里，1号基址在第四期的废毁，被作为王朝更替的一个最为重要的依据。

二、对1号基址区域内第四期遗存的分析

以往的研究，一般未把1号基址区域内晚于基址夯土的文化层作为分析基址使用年代的重点。这里，我们先对《简报》和《报告》中披露的文化层的情况作大致的梳理。

（一）文化层

《简报》称："汉代层以下就是宫殿台基和压着台基的二里头类型文化层，在二里头类型文化层中有灰坑、墓葬、水井和窑址等遗迹。"发掘主持人赵芝荃先生在随后的文章中也有类似的表述："二里头遗址第一号夯土基址是第三期的，它的上面附压着第四期的文化层。"[①]

这提供了关于1号基址使用和废弃的重要信息。依田野考古学的

---

① 赵芝荃：《二里头考古队探索夏文化的回顾与展望——在〈登封告成遗址发掘现场会〉上的发言》，《河南文博通讯》1978年第3期。

原理与经验，如某一文化层全面叠压覆盖包括柱洞与墙基在内的建筑遗存，那么前者可以作为判断建筑遗存使用年代下限的决定性依据，即至少至该文化层时期，建筑已全面废弃；如以垫土和路土为基本特征的文化堆积仅斜压建筑基址的外缘，和仅分布于墙、柱以外的活动空间，则这类文化堆积一般属建筑使用时期的遗存。

但在《报告》中，这些"附压"于1号基址上的二里头文化第四期文化层的情况却并没有被详细介绍。《报告》中仅公布了2张1号基址区域的探沟（方）剖面图。其中图87系解剖1号基址主体殿堂基槽的探沟剖面图，两端均未及夯土台基的边缘。耕土和近代扰乱层（第1层）、汉代文化层（第2层）下即为台基夯土（第3层）。图12为VT12B东壁剖面图，表现了汉代层下的第3层局部斜压基址夯土的层位关系。《报告》中未提及该层的具体年代，仅说"出土有粗绳纹陶片，有折沿圆腹罐口沿"。该层下压一灰坑H73，《简报》定为第四期，《报告》改定为二里岗下层。VT12B③B层出土有深腹罐和盉（《报告》为VT12），属第四期偏晚阶段。上述信息，都可以作为判断VT12B③层年代的参考。

从《简报》和《报告》中，我们还可以找出这类地层存在的线索。

《简报》言及1号基址"边缘部分呈缓坡状，斜面上有质地坚硬的料礓土面或路土层"。基址大门"延出部分以南的夯土呈缓坡状，缓坡上面有路土，路土往南已清理10余米"。《报告》也介绍1号基址"东、南、西三面的台基折棱处呈缓坡状，表面有路土层，有的铺一层料礓石面。如台基西面折棱处比台基面低5厘米～10厘米，表面有一层路土，有的地方被灰土层覆盖，厚4厘米～5厘米，台基北边规整，界外为平整的路土面"。

这些堆积无疑是被作为1号基址使用时期的遗存来介绍的。但其具体年代如何，却并没有明确的交代。如依发掘者对1号基址使用年代的推断，这些"附压"于基址边缘的堆积均应属第三期。但我们在《简报》和《报告》中均未发现1号基址区域内有相当于第三期的文化层的记述，恰恰在《简报》和《报告》定为第四期的遗存中发现不少这类地层堆积。

这些第四期的文化层均位于1号基址台基的边缘部或其外围，绝无叠压或打破建筑柱洞或墙基槽者。可以显见这些堆积应是1号基址使用时期的遗存，而非其废弃后的遗存。但这些遗存一直没有被作为判断建筑使用年代的依据，《报告》编写者在年代推断时仅是利用了打破1号基址的晚期遗迹的材料。

（二）遗迹

已有学者指出，《报告》关于1号基址废弃于二里头文化第四期的"默认前提和主要论据是：1号宫殿基址被四期灰坑和墓葬打破，就标志着宫殿的废弃。其实这个前提和论据并不成立：这些四期的灰坑和墓葬中的若干单位不是宫殿废弃的标志，而恰恰是宫殿正在使用中的证据"[①]。这无疑是正确的。

《报告》介绍到，"打破夯土台基的晚期灰坑共有17座，陶窑1座"。"灰坑的共同特点是打破夯土台基的表面或台基上的路土面"，"年代属于二里头文化四期，有的较早，有的较晚"。陶窑"建在宫殿基址上面……时代属于四期"。此外，《简报》中曾述及"台基上面发现墓葬10座……时代属二里头遗址四期"。

---

① 杜金鹏：《二里头遗址宫殿建筑基址初步研究》，《考古学集刊》第16集，科学出版社，2006年。

　　其实，《简报》和《报告》中披露的晚期遗迹尚不止于此，以下辑录了1号基址区域内的晚期遗迹（图1），从中可以得到不少有益于推定基址年代的信息。

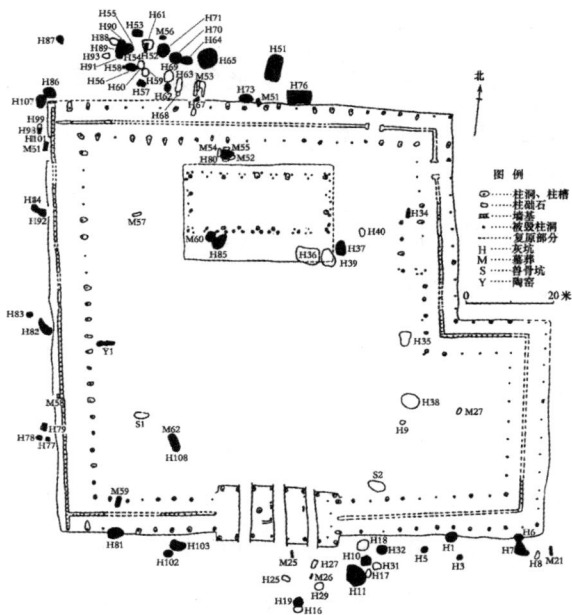

图1　1号基址区域内二里头四期至二里岗下层期遗迹分布

　　由《报告》图84和本文图1可知，在这一区域被确定为第四期的70余个遗迹中，唯一打破1号基址建筑本体的遗迹是H81，其破坏了南廊西部外廊的一个柱础。遗憾的是《报告》仅发表了该灰坑出土的1件石锛和1个陶纺轮，而未发表包括陶器在内的其他资料，因而无法检验其具体年代与性质。

　　《简报》指出，"这些遗迹在台基上面发现较少，边缘附近较多，台基西北角周围尤其密集"。据统计，在上述70余个遗迹中，只有20个位于1号基址的院内，而能够确认属第四期的遗迹不足10个，其余均分布于院外，尤其较为集中地分布于北廊外偏西处。该区域的布方目的是全面揭露1号基址，已发掘区域的绝大部分为1号基址的本体即院内部分。因此，就发掘区域内单位面积而言，二里头文化第四期时1号基址院内外遗迹分布之悬殊，是显而易见的。这应是此期1号基址的建筑仍然存在、持续使用的有力旁证。

同时，这些遗迹中不乏属于四期晚段者，四期晚段的遗迹也并未破坏1号基址建筑本体，或大规模占据基址院内的空间。就已发表的材料而言，可确认属四期晚段的遗迹甚至没有一处位于1号基址院内。从以往二里头遗址遗迹层位关系和分布情况看，正常墓葬和性质不同的灰坑挖设于正在使用的建筑庭院内、廊柱间、廊柱外，甚至大门前的现象比比皆是，如3号基址院内、宫殿区以北祭祀遗存分布区以及铸铜作坊区域中路土层间的墓葬等遗迹。因此，与四期早段的遗迹分布状况相同，没有证据表明进入四期晚段，1号基址已全面废毁。直至四期晚段，1号基址区域内并没有新筑建筑物，也从一个侧面表明上述遗迹均属1号基址使用时期的遗迹。

三、三处重要遗迹提供的新线索

1号基址发掘于20世纪60～70年代，由于当时地下水位较高（距地表深3米余），主殿台基基槽及3处较重要的遗迹均未清理到底，后者包括主殿后的深坑（H80），以及西围墙外侧的两口水井。因其关涉到1号基址的使用年代与性质，我们于2001年春季枯水期对其进行了补充发掘。

（一）主殿后灰坑H80属二里头文化第四期，其下深坑应为另一遗迹

主殿后的灰坑H80，因所处位置和围以3座葬式特殊的墓葬而有别于一般遗迹，颇引人注目。关于它的具体情况，《简报》仅举例介绍道："台基上面的灰坑和与之同时期的灰坑共有50多个……时代都是二里头第四期的。位于台基中部的几个灰坑较大，填土较纯，形制特殊，有的里面还有人骨架。例如H80口部有三座墓葬，一座是躬身屈肢葬，两座是俯身葬。"《报告》也仅在介绍基址上的墓葬时对此灰坑稍作叙述："在主体殿堂建筑周围发现5座葬式特殊的墓葬……其中VM52、VM54和VM55是在主体殿堂北面檐柱（351号）之北与北面内排回廊的檐柱（101号）中间，围绕着一个圆形夯土深坑……圆坑的口部较大，为椭圆形，直径2.25米～3米，自口向下逐渐增大，然后再缩小，挖至3.9米见地下水而停工。内填大量陶片、红烧土块、料礓石和草木灰等，近底部为黄色泛绿的沙土。""以上5座墓葬的葬式特殊，皆非正常死亡。墓室打破宫殿建筑基址，均无随葬器物。VM52、VM54、VM55围绕一个圆形坑，可能为宫殿的祭祀墓。"学界一般同意这一推论。

如前所述，3座墓葬均无随葬器物，在《简报》中被定为第四期，《报告》则改为第三期。该灰坑（H80）在《报告》中被取消了编号，仅在墓葬一节简单提及。我们注意到，"内填大量陶片"的H80在《简报》中被定为第四期，合理的推断是其中应含有第四期陶器，但《报告》中未发表该灰坑出土的任何遗物。如上述推断成立，则至第四期时这里仍存在可能与祭祀相关的活动，也应是合理的推论。

由2001年的补充发掘可知，"该坑在距坑口深3米余处收缩成东

北—西南向的长方形，长2米，宽0.7米，形制较为规整。两个长边分别有不同程度的坍塌，其上各发现有脚窝若干。至距地表深约7.8米处见地下水，距地表约9米深处，长度收缩至1.32米，宽度则基本未变。坑内填土呈褐色，略泛灰绿，含水锈斑，较为纯净，夹有大量夯土块粒。填土中出有少量破碎陶片，下部则罕见陶片"。"该坑现存深度10米（坑底距地表10.7米），坑底铺有一层红烧土，厚0.02米~0.03米，其上又有厚0.8米～1米的夯土层。坑内底部无遗物发现"。"该坑打破1号宫殿的夯土台基，填土中所出陶片均属二里头文化第二期，应系扰动早期遗存又回填所致，因此仅可推知其不早于夯土台基的建造年代。"

比较前后的发掘结果，我们发现该灰坑的上部和下部差别颇大。首先是形状尺寸，上为不规则椭圆形，下为规整的长方形，尺寸也相差较大。其次是填土，上部土质较杂，含红烧土块、料礓石和草木灰等，下部则为略泛灰绿、较纯净的褐色土。就出土物看，上部"内填大量陶片"，应含有第四期的遗物，下部则仅出有少量破碎陶片，均属二里头文化第二期。种种迹象表明，上部与下部应分属于不同的遗迹，只是二者上下叠压而已。20世纪70年代的发掘，已清理了属于第四期的椭圆形坑和其下长方形坑的偏上部分，后者已在《报告》图90"第一号宫殿主体殿堂北部圆坑及墓葬平面图"（图2）中标出。

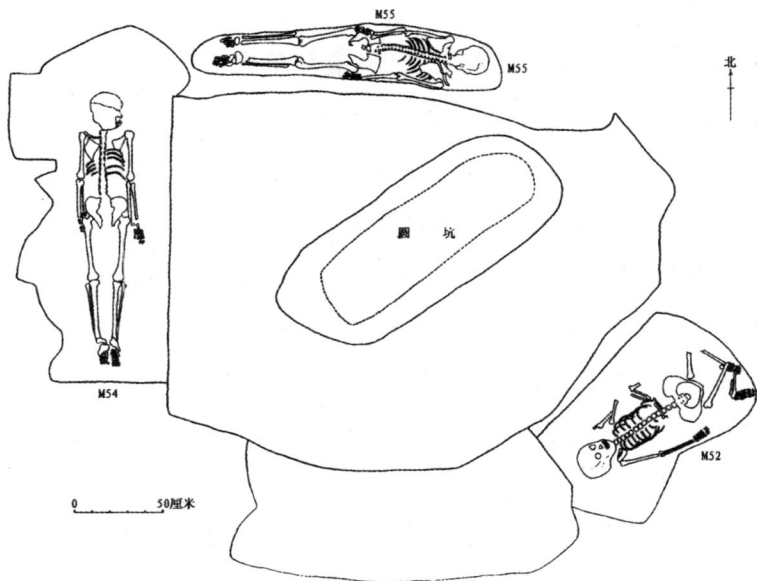

图2　1号基址主殿北圆坑、其下深坑及墓葬平面图

就2001年发掘的情况看，下部长方形坑也应不是普通的遗迹。上面的四期椭圆形坑与其是否有内在的关联性，值得探究。

（二）西墙外两口井（H79、H83）始掘于二里头文化四期晚段

关于1号基址区域内发现的两口井（H79、H83）的情况，《简报》中没有具体的介绍。只是提及"在二里头类型文化层中有灰坑、墓葬、水井和窑址等遗迹。这些遗迹在台基上面发现较少，边缘附近较多"。在遗物介绍部分则披露了H83出土的部分陶器和骨器，年代属二里头文化第四期。

《报告》把这两口井放在"第五章　二里头文化三期遗存"中"第一号宫殿的其他遗迹"一节加以介绍。可知二者的位置均"在第一号宫殿建筑的西墙基外侧"，由于当时地下水位较高，发掘至深3米余时见水而停工。"上述两口水井至四期废弃不用，内填大量遗物。"所出遗物则被放在"第六章 二里头文化四期遗存"中加以叙述。

《报告》在对1号基址进行全面介绍后的"小结"中，概括了1号基址的总体布局，再次提及这两口水井。"环绕四周筑有回廊，中间是一宽广的庭院。在西面回廊外有水井两口。整个宫殿建筑布局合理，结构严谨，规模宏伟。"《报告》的另一位执笔者李经汉先生后来也提到，20世纪70年代的发掘"还发现了一些与宫殿建筑奠基、祭祀有关的埋葬，以及生活必备的水井等"，"此井位于台基范围内，应是宫殿使用时期的用井"①。这说明发掘者是把这两口水井作为1号基址的重要组成部分来看待的。从其所处位置的规律性看，这样的推断也是颇合乎情理的。

鉴于此，这两口未发掘到底的水井的始掘年代，就成了推断1号基址使用年代的一个极为重要的证据。因而学者对此深表关注。如上引李经汉先生的追述继续写道："其填土是宫殿废弃后的堆积，陶片属四期遗物。但使用时掉在井底的汲水器，无疑应是宫殿使用时的遗物。因地下水没做到底，很可能一批绝好的宫殿断代资料没能得到。回想起来，当时抽水并不难解决，只因认识水平低，考虑欠周到而没做。以后每想到此事，都后悔万分。"②我们在2001年将工作重点转向宫殿区之初，就实施了对这两口水井的补充发掘，

① 张立东、任飞编：《手铲释天书——与夏文化探索者的对话》，大象出版社，2001年。
② 张立东、任飞编：《手铲释天书——与夏文化探索者的对话》，大象出版社，2001年。

也是认为它们的始掘年代应是解决1号基址使用年代问题的一个突破点。

由补充发掘知，H79的深度为距地表7.9米，井底长宽收缩至1.4米和0.85米；H83的深度为距地表7.15米，井底长宽收缩至1.2米和0.75米。值得注意的是，最接近其使用时期的两口井的底部堆积中所出陶器，与其上部废弃堆积的时代一样，也属二里头文化第四期。确切地说属第四期的偏晚阶段。同时，两口井的深度都只有7米余，与H80下的深逾10米的长方形坑，形成较为显著的对比，如此大的水位差不仅是此期气候变化的一个极好的例证，应也反映了水井与深坑的年代差，后者的时代可能稍早。

要之，1号基址的始建年代不早于三期早段，在整个第四期的时间里一直延续使用。与少见第三期遗存的情况形成鲜明的对比，第四期遗存反而较丰富。考虑到二里头文化各期所跨时间一般仅有数十年，除去三期早段，似乎第四期才是其主要的使用时期。

二里头文化四期晚段始掘的两口水井，仍颇有章法地统一建于西墙外；四期晚段至二里岗下层时期的其他遗迹也并未杂乱无章地打破1号基址的中心部位，而是几乎都分布于庭院以外；庭院内分布着可能与祭祀有关的第四期遗迹。如此种种，应当是1号基址在四期偏晚阶段仍在使用之中的重要佐证。从宏观的聚落布局上看，不唯1号基址，其他如2、4、7、8号等始建于第三期的夯土基址、宫城城墙及周围大路等在这一时期均未见遭遇毁灭性破坏的迹象。进入二里头文化第四期晚段，2号基址后兴建起了6号基址，宫城以南围垣设施的北墙得以加固增筑（3号墙），服务于贵族的铸铜作坊和绿松石器作坊仍在使用，随葬有青铜和玉礼器的贵族墓频出①。在这样的都邑中心持续兴盛的氛围下，唯有规模最大的1号基址废毁不用，倒是颇不合情理的。

（杜金鹏、许宏主编：《二里头遗址与二里头文化研究——中国·二里头遗址与二里头文化国际学术研讨会论文集》，科学出版社，2006年）

①　许宏、陈国梁等：《二里头遗址聚落形态的初步考察》，见本书。

二里头遗址文化分期再检讨

——以出土铜、玉礼器的墓葬为中心①

　　二里头遗址是东亚地区青铜时代最早的大型都邑遗址，以其为典型遗址的二里头文化则是东亚地区最早的"核心文化"，史无前例的都邑的庞大化与大范围的文化辐射构成其最重要的特征②。二里头遗址发现了东亚地区最早的青铜礼器群，玉质礼器在华夏文明的形成与早期发展史上也起着承上启下的作用。作为以青铜器为首的相关课题研究的基础，二里头文化的分期尤其是二里头遗址二里头文化的分期起着重要的标尺性作用。关于这一问题，尚有深入探讨的必要。

二里头遗址分期研究史的回顾

　　二里头文化一类遗存，在20世纪50年代发现之初曾被称为"洛

---

① 本文与赵海涛合著。
② 许宏：《略论二里头时代》，见本书。

达庙类型文化"①。1959年秋季，中国科学院考古研究所（现隶属中国社会科学院）洛阳发掘队开始发掘二里头遗址，在随后发表的简报中将所发现的"二里岗上层"以前的遗存分为早、中、晚三期，认为"早期当属河南龙山文化晚期，但与常见的河南龙山文化还不能衔接起来，尚有缺环；中期虽仅留有若干龙山文化因素，但基本上接近商文化；晚期则是洛达庙类型商文化"。"早中晚三期文化遗物虽有不同，但一脉相承的迹象却是明显的。"②因二里头遗址的文化内涵较洛达庙遗址更为丰富和典型，夏鼐将其称为"二里头类型文化"，后改称"二里头文化"③。至1964年，夏鼐在总结二里头遗址的发现时，仍认为该遗址"早期当属'河南龙山文化'晚期"④。

1965年，中国科学院考古研究所洛阳发掘队在二里头遗址1960年～1964年的田野发掘简报中，仍按地层堆积和陶器的变化，将遗址中早于"二里岗期"的遗存划分为早、中、晚三期，认为"三期之间有一定的区别，但属于一个文化类型"。三期遗存，就目前的认识相当于二里头文化二至四期或稍晚。原来以该遗址命名的"洛达庙类型文化"，本不包括二里头遗址早期遗存即后来的二里头文化第一期遗存。但上述简报的作者并未对此作明确的解释或展开论证。

20世纪70年代初，中国科学院考古研究所二里头工作队又根据二里头遗址1号宫殿基址的发掘划分出了更晚的"二里头遗址四期"

① 中国科学院考古研究所：《新中国的考古收获》，文物出版社，1961年。

② 中国科学院考古研究所洛阳发掘队：《1959年河南偃师二里头试掘简报》，《考古》1961年第2期。

③ 夏鼐：《新中国的考古学》，《考古》1962年第9期。夏鼐：《碳-14测定年代和中国史前考古学》，《考古》1977年第4期。

④ 夏鼐：《我国近五年来的考古新收获》，《考古》1964年第10期。

遗存（笔者按：应为二里头文化四期，详后）。前此的早、中、晚三期分别改称为一、二、三期遗存。至此，二里头遗址的二里头文化四期分期方案正式提出，二里头文化四期说最终形成。目前，对二里头文化的这一界定已成为大多数学者的共识。

总体上看，二里头文化一至四期的演变脉络已基本清楚，不存在较大的争议。但因各期遗存在演变过程中存在着极强的连续性，很难作绝对确切的阶段划分。因此，具体遗存所属期别的划定，尤其是前后相继的遗存之期段归属问题，尚存歧见。

关于分期概念的若干分析

首先，我们需明确地区分遗址分期和文化分期两个不同范畴的概念。"遗址的分期，探讨的是不同考古学文化在同一遗址内堆积的先后问题。考古学文化的分期，是指一考古学文化所经历的历史的相对年代的划分"[①]。

早在二里头遗址1959年秋季的第一次发掘中，即已发现了仰韶文化和庙底沟二期文化的遗存，应属遗址第一、二期遗存；其后的二里头文化一至四期遗存应分别相当于遗址第三至六期遗存。但此后围绕二里头文化的分期，论述者对遗址分期与文化分期并未作严格区分，往往混用。上引1号宫殿基址发掘简报的提法即是一例。在正式出版的《偃师二里头》报告（以下简称《报告》）中，遗址的文化堆积被分为六期。其中第一期至第四期为二里头文化一至

① 张忠培：《研究考古学文化需要探索的几个问题》，《文物与考古论集》，文物出版社，1986年。

四期，第五、六期则属二里岗文化。已有学者指出，"所谓'第五期''第六期'既不是整个遗址的文化分期，也不是二里头文化分期中的合适序数"①。

后来的发掘者又提出了"二里头五期"的概念②，也并未言明其究竟属二里头遗址第五期还是二里头文化第五期。"二里头五期"晚于二里头文化第四期，显然不是二里头遗址第五期；如其意指二里头文化第五期，则学术界一般认为这类遗存已不属于二里头文化的范畴，而应属二里岗文化③。因此这一概念并未得到学术界的认可。

我们在论述二里头遗址聚落形态的演变过程时，对遗址分期与文化分期作了明确的区分和对照④。本文所谈，是二里头遗址中二里头文化的分期。

关于原二里头文化早、中、晚期与一至四期的对应关系，有一个要澄清的问题是：二里头文化第四期是20世纪70年代"新发现的较以前所知三期更晚的遗存"⑤这一表述并不确切。实际上，第四期遗存自发掘之初即已发现。如《报告》定为第四期的遗存中，就有不少是20世纪50～60年代发掘的（据统计，其中地层单位29个、墓葬5座、灰坑11座）。上引表述源自1号宫殿基址发掘简报的提法，

---

① 杜金鹏：《读〈偃师二里头〉》，《考古》2000年第8期。

② 郑光：《试论二里头商代早期文化》，《中国考古学会第四次年会论文集》，文物出版社，1985年。郑光：《二里头陶器文化论略》，《二里头陶器集粹》，中国社会科学出版社，1995年。

③ 中国社会科学院考古研究所：《中国考古学·夏商卷》，中国社会科学出版社，2003年。靳松安：《"二里头五期"遗存分析及其相关问题》，《江汉考古》2004年第1期。

④ 许宏、陈国梁等：《二里头遗址聚落形态的初步考察》，见本书。

⑤ 中国社会科学院考古研究所：《中国考古学·夏商卷》，中国社会科学出版社，2003年。

即"最近我们发现的二里头遗址四期的文化……比之于二里头遗址三期（即晚期）的陶器有较大的变化，和郑州二里岗期的陶器也有显著的区别"。正确的表述应是"1974年简报……首次提出二里头第四期文化概念。即将近年发掘的打破宫殿基址的灰坑、水井、墓葬等文化遗存从旧的第三期中分离出来成为第四期"[①]。

出有铜、玉礼器的墓葬之分期检讨

目前，对二里头文化出土铜器本身的分期，因材料不足、研究不够深入，尚未形成系统的断代体系。同时，青铜器在当时属耐用珍罕品，器形变化频率不如陶器快，且使用周期长。从理论上讲，一件铜器的流传，应包括铸造年代、使用年代和下葬年代，铜器的铸造年代并不能代表其最后所属遗迹的年代。因此，仅靠铜器自身的风格特征对其所在遗迹加以明确断代，是存在着一定的问题的，在研究中应予以充分的重视。

本文以出土铜、玉礼器（含礼仪性装饰品）的墓葬为主要讨论对象，是基于考古学对遗存单位分期可靠性的分级。一般说来，墓葬、房址、灰坑等遗迹以及地层诸遗存，在共存遗物的共时性上存在差异，断代的确切程度也依序减低。至于遗物分期可靠性分级，则有陶容器、铜容器和其他器物在断代确切性上的差异。因此，我们以变化频率快、敏感度强的陶器为确定分期的主要依据，在对出有铜、玉礼器的墓葬的讨论中，把分析的重点放在共出有陶容器的

① 郑光：《二里头陶器文化论略》，《二里头陶器集粹》，中国社会科学出版社，1995年。

墓葬上。相对而言，这些墓葬可以作较确切的分期。

已发表的二里头遗址出有铜、玉礼器的墓葬共有20余座[1]，其中共出有陶容器并发表线图者仅11座（表1）。

表1 二里头遗址可确切分期的铜、玉礼器墓

墓葬单位	铜礼器	玉石礼器	陶容器	原分期	笔者分期
60ⅣM11		柄形器	爵、角、盉、平底盆	二期	二期晚段
62VM22	铃		鼎、鬹、爵、瓠2、豆2、折沿盆、高领罐、瓮	二期	三期早段
73ⅢKM2		柄形器	盉	三期	三期早段
80ⅢM2	爵2	钺、圭	爵、盉、平底盆	三期	三期晚段
80VM3		钺、璋2	爵、盉、盆、单耳罐、高领瓮	三期	三期晚段
82ⅨM8		柄形器	爵、盉、豆2、三足盘、杯2	三期	三期晚段
75ⅥKM3	爵、戈、戚、镶嵌圆形器2、圆泡形器	圭、戈、璧戚、石磬	盉	三期	四期早段
84ⅥM6	爵	柄形器	盉	四期	四期早段
84ⅥM9	爵、斝	柄形器	盉、簋、高领罐、大口尊2、器盖	四期	四期早段
84ⅥM11	爵、铃、牌饰	刀、圭、璧戚、柄形器3	爵、盉	四期	四期晚段
87ⅥM57	爵、铃、牌饰	戈、刀、柄形器2	盉、簋、圆腹罐、盆	四期	四期晚段

依20世纪80年代以来对二里头遗址二里头文化陶器群所做的深入

① 李志鹏：《二里头文化墓葬研究》，《中国早期青铜文化——二里头文化专题研究》，科学出版社，2008年。

研究①，在二里头文化四期划分的框架下，各期墓葬依其所出土的陶器都可具体地落实到该期的偏早或偏晚阶段，其分期依据兹不赘述。

需要稍加分析的是62VM22和75VIKM3。

62VM22在发掘报告中被定为二期。这座墓的陶器在一些场合被拆分为两期。如《中国社会科学院考古研究所考古博物馆洛阳分馆》展品图录，将其中的爵、斝定为二期，盉则定为三期②。也有学者指出该墓出土盉、爵的"期属或可调整"③。显然该墓随葬陶器间存在着早晚的差别。但由考古层位学的基本原理可知，一个不可再分的遗迹所属时代是唯一的，而判断该遗迹时代的标尺则是其内出土的最晚的遗物。

经查对原简报，其中披露了M22出土的斝、小罐（报告称高领罐）的线图（该简报未按遗存单位发表器物），这2件器物当时被定为"晚期"即后来的第三期，说明发掘者原本即认定该墓属第三期。从陶器的制器作风看，其中的盉、爵的确较其他器物偏晚，具有三期早段的特征（图1），M22的年代应依此断定。最近已有学者把这座墓划归三期早段④，是妥当的。二里头文化陶斝至二期晚段已渐为盉所取代，到三期则基本不见。此墓出土陶斝为二里头遗址中所见最晚的一例。

---

① 郑光：《二里头陶器文化论略》，《二里头陶器集粹》，中国社会科学出版社，1995年。中国社会科学院考古研究所：《中国考古学·夏商卷》，中国社会科学出版社，2003年。

② 中国社会科学院考古研究所：《中国社会科学院考古研究所考古博物馆洛阳分馆》，文化艺术出版社，1998年。

③ 杜金鹏：《读〈偃师二里头〉》，《考古》2000年第8期。

④ 李志鹏：《二里头文化墓葬研究》，陈国梁：《二里头文化铜器研究》，《中国早期青铜文化——二里头文化专题研究》，科学出版社，2008年。

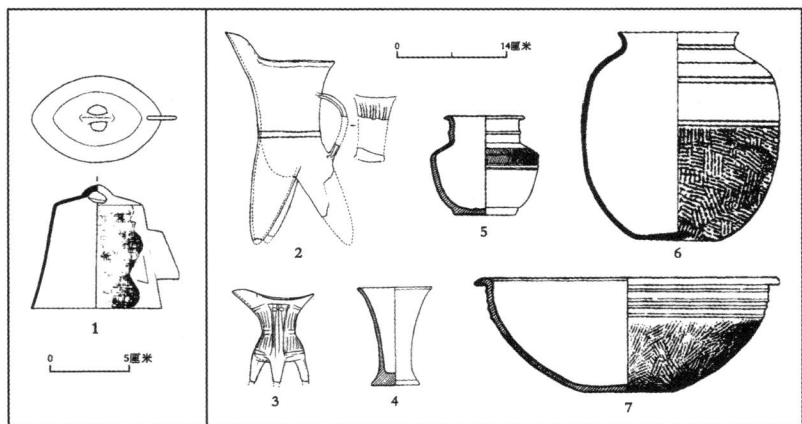

1. 铜铃（M22：11） 2. 斝（M22：8） 3. 爵（M22：1） 4. 觚（M22：3）
5. 高领罐（M22：10） 6. 瓮（M22：9） 7. 盆（M22：5）

图1 中型墓62VM22出土器物组合

75VIKM3在发掘报告中被定为三期。该墓因出土了铜爵、铜戈、铜戚、玉戈和石磬等重要遗物而受到格外的关注（图2）。所出容器除铜爵外，仅有1件陶盉。铜爵从形制特征上看，时代稍早，可能属三期。但如前所述，作为耐用珍罕品，其铸造年代并不一定与下葬年代一致，因此不能仅据此将其所在墓葬的年代确切地判定为第三期。唯一1件陶盉可以作为进一步分析该墓年代的线索。

该陶盉（75VIKM3：10）为细砂灰陶。其顶部外缘线近直，而不似三期同类器那样顶面上凸。整器已前倾，足部变瘦，且实足根增高。这些特征，也与三期同类器整器直立、足部较肥，无实足根或实足根较小的制器风格有异，而是四期陶盉的特征（图3）。我们倾向于把这件器物归为四期早段，相应地，KM3也应属四期早段。当然，由于缺乏陶器组合，对这件陶盉期属的分析证据还嫌单薄，有待于检验修正。

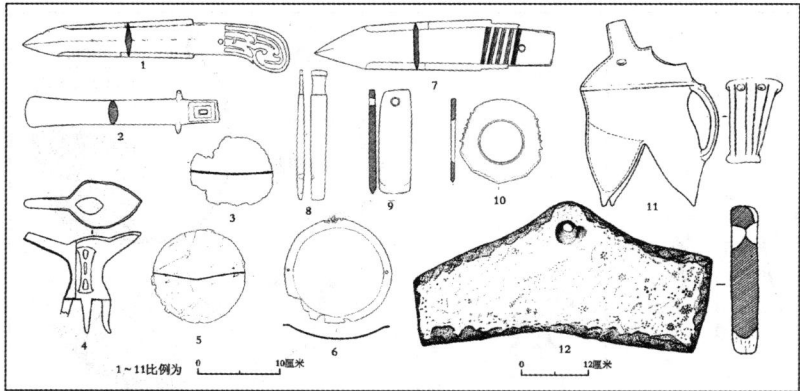

铜器 1. 戈（KM3：2） 2. 戚（KM3：1） 3、5. 圆形器（KM3：17，16） 4. 爵（KM3：4） 6. 圆泡形器（KM3：9）
玉器 7. 戈（KM3：11） 8. 柄形饰（KM3：3） 9. 铲（KM3：12） 10. 璧戚（KM3：13）
11. 陶盉（KM3：10） 12. 石磬（KM3：21）

图2　中型墓75ⅥKM3出土器物组合

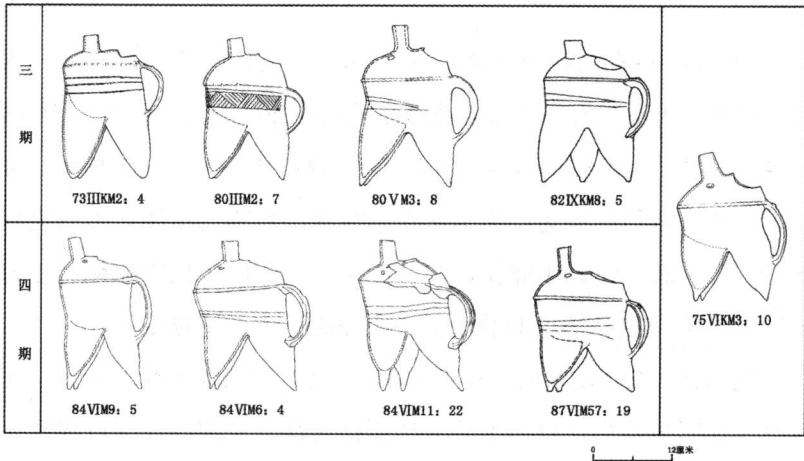

图3　三、四期陶盉形制特征比较

　　上述可确切分期的铜、玉礼器墓，可以作为我们进一步讨论零星
出土的或非完整组合的二里头文化铜、玉礼器年代的标尺性材料。

关于若干铜、玉礼器年代的讨论

由对上述铜、玉礼器墓出土陶器的分析，我们可对若干铜、玉礼器的年代做些探讨。就目前的材料而言，二里头文化第三期已出现青铜容器爵和大型玉礼器圭和璋等，但迄今为止可以确认的最早的青铜兵器属二里头文化第四期；而多孔玉刀、戈、璧戚等大型玉礼器的出现时间，也只能上溯至二里头文化第四期。

迄今可确认的最早的青铜兵器（戈75VIKM3：2、戚75VIKM3：1）应属二里头文化四期早段。二里头遗址发现的另一件铜戈（75III采：60）系采集品，《报告》归入第三期，缺乏层位学和类型学依据。

大型玉礼器如戈（75VIKM3：11、87VIM57：21）、璧戚（75VIKM3：13、84VIM11：5）、多孔玉刀（87VIM57：9）是迄今可确认的同类器中最早者，均属二里头文化第四期。另外出有玉刀、戈、圭、板、柄形器的墓葬如67IIIKM1，出有玉璧戚的75VIIIKM5均系农民取土所得，失去了层位关系和完整的器物组合，且无陶、铜容器共出。简报和《报告》定为第三期，无依据。另一座出土玉刀的墓82IXM5被定为三期，简报称共出有陶盉一，惜未发表图像材料，无从查考。

此外，在报告中，失去了层位关系的铜、玉器及其他采集品都被明确地归为某期，这些断代结论，还有待于确切的资料来验证。同时，我们注意到，与原简报相比，正式报告的分期方案有了若干变化，这或与发掘者所持二里头遗址三期兴盛、四期衰败的认识乃至相应的王朝分界观的变化有着密切的联系①。

最早的可确切分期的铜爵属二里头文化三期晚段（80ⅢM2：
1、2）。平底铜斝、有柱铜爵最晚至四期早段即已出现（84ⅥM9：
1、2）。铜爵口部之柱可能自第三期起即已出现。1974年于Ⅳ区
采集所得铜爵（采：65），有矮柱，原简报未推定该器物的期别，
《报告》将其归为第四期，但并未述及分期依据。朱凤瀚据其形制
将其定为第三期②，应可信。就目前的发现而言，有柱与无柱两种铜
爵并存于第四期，二者并不一定具有明确的早晚关系。因此，失去
层位关系和器物组合的无柱青铜爵，不能全部遽断为第三期遗物；
有柱铜爵也不能全部定为第四期。

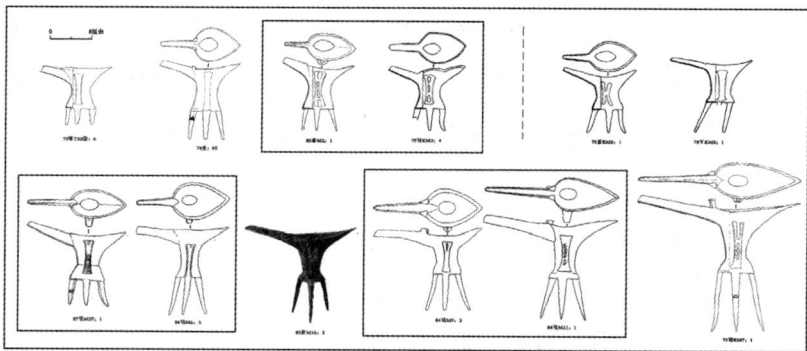

图4　青铜爵可能的演变序列

（第一行的虚线为三、四期的大致界限。框内为所在遗存可确切分期者；其中
80ⅢM2为三期晚段，75ⅥKM3、84ⅥM6、84ⅥM9为四期早段，87ⅥM57、
84ⅥM11为四期晚段；75ⅥKM3、87ⅥM57中铜爵的铸造年代或稍早）

①　许宏：《二里头1号宫殿基址使用年代刍议》，见本书。
②　朱凤瀚：《古代中国青铜器》，南开大学出版社，1995年。

以可确切分期墓葬材料为标尺，我们还可以对铜爵的演变轨迹作一些分析。总体上看，铜爵器体由矮小变为瘦高；由短流而长流；流、腹连接处的线条由圆折、分界不清到转折较甚，分界明显；三足由短而长，由近直到外侈较甚；口部横截面由近圆到扁圆；口部之柱则从无到有，由少见到多见，由矮小到较高（图4）。

除铜爵外，二里头遗址出土的青铜容器还有盉一（86ⅡM1:1）、斝三（84ⅥM9:1、87VM1:2、V采M：66）和鼎一（87VM1:1）。其中，只有平底铜斝84ⅥM9:1因与铜爵和其他陶器共出于墓葬，可以确知其属于二里头文化四期早段，已如前述。其他4件中的3件虽冠以墓葬号，但均非科学发掘出土，无共存遗物，仅可推知出土于墓葬。这几件铜容器均被推定属二里头文化第四期，对此我们还可以略做分析。

铜盉86ⅡM1:1[①]顶部圆鼓，三足偏瘦而带棱，与一般所见陶盉及其后的二里岗文化铜盉不类。封口盉的铸造在技术上可能较敞口容器更为困难，这也许是二里头文化时期铜盉与同期陶盉形制不同的原因之一。

铜斝87VM1:2和铜鼎87VM1:1（图5）虽系农民发现并卖出，但由调查可知，与其共出的还有铜觚（？）和残石玉器各一件以及残陶器若干，报道者推断二者应系出自同一墓葬。

铜斝87VM1：2的形制和铸造技术与前述平底铜斝84ⅥM9：1均不同。其双柱、圜底的制器作风与登封王城岗WT245M49：1接近，只是腹下部的鼓凸程度和口部外侈的程度不及后者，应略早于后者。经观察，该器为三范制成，有从底部中心辐向三足、并垂直贯

---

① 中国社会科学院考古研究所：《考古精华》，科学出版社，1993年。

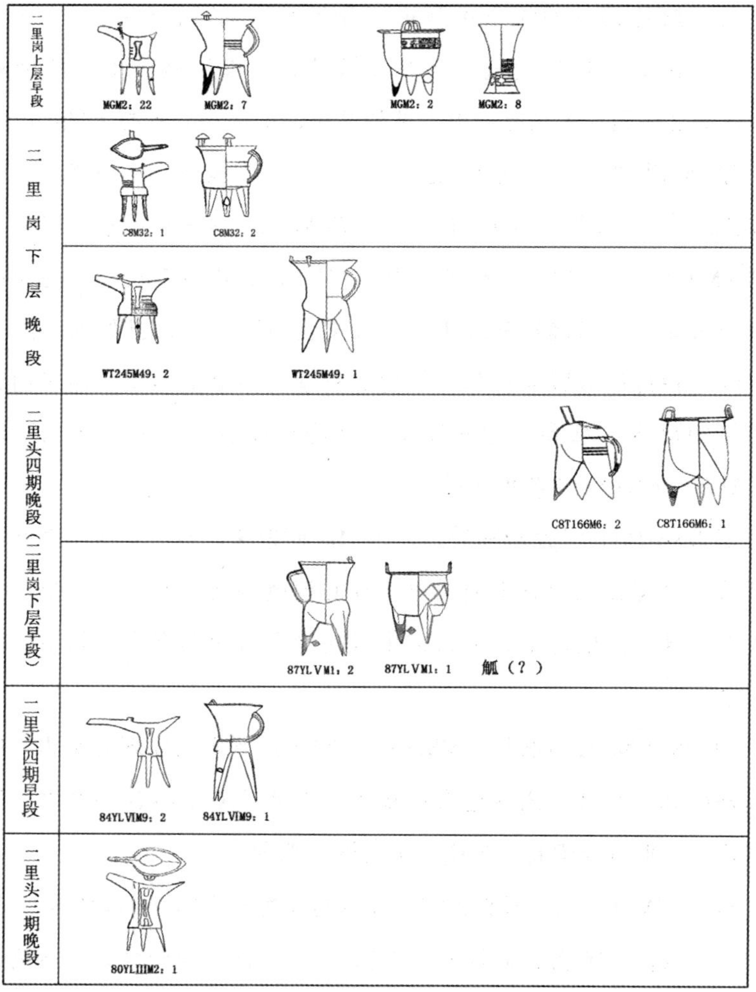

图5 二里头文化至二里岗文化青铜容器的流变

（WT245M49属王城岗遗址，C8T166M6、C8M32、MGM2属郑州商城，其余属二里头遗址）

通足部和錾部外侧中线的范线，这是迄今所知青铜器中最早的外范采用三范的例证，这种制造工艺习见于其后的二里岗文化。

在目前所掌握的铜礼器材料中，尚没有与铜鼎87VM1：1形制接近者。可确认属二里头文化的铜爵和铜斝均为双外范铸造，因而三足横剖面呈弧边三角形。该鼎的三足横剖面则为菱形，与上述特征明显不同，而与二里岗下层文化铜爵和铜斝因用三外范铸造而三足横剖面呈菱形的特征相同[①]，只是在其腹部外侧和底部没有范线。

综合形制和铸造技术两方面来看，铜斝87ⅤM1：2和铜鼎87VM1:1的时代应属二里头文化和二里岗下层文化之交；铜斝Ⅴ采M：66也应属这一大的阶段，唯其形制与二里岗下层晚段的铜斝相近，年代可能更晚些。

（《南方文物》2010年第3期）

---

① 宫本一夫：《二里头文化青铜彝器的演变及意义》，《二里头遗址与二里头文化研究》，科学出版社，2006年。

二里头M3及随葬绿松石龙形器的考古背景分析

2002年，二里头遗址贵族墓2002VM3中出土了一件大型绿松石龙形器，这是中国早期龙形象文物和松石镶嵌文物的又一重要发现。本文拟对此器及这座墓葬的考古背景做一粗浅的分析。

一、M3所处时空位置

随葬绿松石龙形器的墓葬2002VM3，位于二里头遗址宫殿区，时代属二里头文化二期晚段。

自二里头文化第二期起，二里头都邑进入兴盛期。遗存基本上遍布已发掘区域，文化堆积丰厚。遗址总面积逾300万平方米，遗址东南部的微高地成为宫殿区。

发掘结果表明，进入二里头文化二期早段，墓葬M3所在的区域已作为宫殿区得到开发。已发现了大面积的夯土台基和大型多院落建筑。大型建筑基址群的外围已形成道路。至少自二里头文化二期晚段始，该区域的外围垂直相交的大路已全面使用，最宽处逾20米。

宫殿区以东大路的内侧，已发现了3号、5号两座东西并列的大型建筑基址。两座基址之间以宽约3米的通道相隔，通道沿3号基址西墙向南北延伸，长逾百米，通道的路土下发现有木结构排水暗渠。

3号基址是一座（或一组）带有多进院落的组合式建筑。由于其上叠压着二里头文化晚期的4号、2号和6号三座夯土基址，我们对3号基址布局结构的细节尚不十分清楚。在发掘区内长约150米、宽约50米的范围内，属于二里头文化二期晚段的夯土及其使用时期的路土遗存普遍存在。可以肯定的是其南院、中院和北院的西庑经统一规划，拥有共同的建筑轴线。3号基址的北院内发现有积水迹象的大型池状遗迹，总体呈圆角长方形，方向与3号基址相同，面积逾1200平方米。在偏北的6号基址下仍发现属于二里头文化二期的夯土，其是否与南部的基址属于同一座（组）建筑，尚难遽断。

新近发掘的5号基址也至少有三进院落，发掘区内南北长约45米，南缘超出发掘范围继续向南延伸，上层夯土东西宽约48米，总面积超过2100平方米。鉴于3号基址被二里头文化晚期的基址所叠压，具体面貌不详，5号基址是迄今所知保存最好的二里头文化早期的大型宫室建筑。

在宫室建筑群以北，还发现了平面呈圆角长方形、总面积达2200平方米的巨型坑，该坑的形成时间不晚于二里头文化二期。坑内发现有大片陶片铺垫的活动面、以幼猪为祭品的祭祀遗迹等。

与此同时，宫殿区以南的围垣已兴建起来，其内的铸铜作坊、绿松石器制造作坊等都已投入使用；宫殿区周围的贵族聚居区已有墓葬分布；宫殿区以北的祭祀遗存区已存在，且发现有墓葬。

这就是出土绿松石龙形器的M3所处的聚落形态背景。

二、M3的墓葬层级定位

在3号基址的南院和中院，迄今发现多座墓葬。已清理了5座，另有1座被破坏殆尽。前述5号基址的中院和北院内，也发现有同时期的墓葬。

这些墓葬东西成排分布，墓葬间距相近，方向基本相同，均为南北向。墓葬均为土坑竖穴墓，多铺朱砂、有棺痕，出有铜器、玉器、漆器、白陶器、印纹釉陶器（或原始瓷器）、绿松石器、成组蚌饰、海贝和大量陶器。从层位关系上看，这些墓葬多为院内路土叠压，又打破更早的路土，说明当时埋入死者后大型建筑仍在使用，也即这些墓葬均为3号、5号基址使用时期的遗迹；从随葬遗物看，其时代为二里头文化二期早段至二期晚段。这是二里头遗址发掘中首次在宫殿区内发现的规格较高的墓葬。

从这批墓葬的规格上看，当时是有一定身份的死者才可以入葬其中的。也许除了贵族外，他们还有其他特殊的身份，而这种特殊的身份又应与建筑的性质有一定的关系[1]。埋于宫殿区内的青铜时代的墓葬，可类比的有安阳殷墟妇好墓[2]、花园庄东地M54[3]等，但其原因与性质或许并不相同。已有学者对包括M3在内的这些墓葬所在

---

① 李志鹏：《二里头文化墓葬研究》，《中国早期青铜文化——二里头文化专题研究》，科学出版社，2008年。
② 中国社会科学院考古研究所：《殷墟妇好墓》，科学出版社，1980年。
③ 中国社会科学院考古研究所：《安阳殷墟花园庄东地商代墓葬》，科学出版社，2007年。

建筑基址的性质加以讨论，大多认为应属宗庙建筑①，到目前为止还难以做出确切的推断。无论如何，可以排除这些墓葬属祭祀活动形成的人牲坑的可能，它们所在之处也绝非当时的墓地，应属有较高社会地位者的正常埋葬②。

迄今为止，二里头遗址所发现的二里头文化时期的墓葬达400余座，均为中小型墓。到目前为止，还没有发现与大型宫室建筑相应的大型墓葬③。正常埋葬的二里头文化墓葬一般被分为三个大的等级：

甲类墓（第I级）墓穴面积在2平方米以上，有木棺，随葬铜、玉、陶、漆礼器和绿松石器等；

乙类墓（第IIA、IIB级）面积在1平方米~2平方米之间，或有木棺，随葬陶礼器、玉器、绿松石器等；

丙类墓（第III、IV级）墓穴面积一般在1平方米以下，基本无木质葬具，随葬日用陶器、生活用品，或无随葬品④。

据李志鹏的统计，在能够确定期别的265座墓葬中，甲类墓24座，乙类墓60座，丙类墓137座，呈金字塔式结构。就二里头文化第二期墓葬而言，共74座，其中甲类墓仅3座，2002VM3位居其列。

M3为近长方形竖穴土坑墓，方向356度，墓口长2.24米，宽1.1米左右，墓葬残深0.5米~0.6米。墓主葬式为侧身直肢，头朝北，面

① 陈旭：《偃师二里头遗址近年考古新发现的意义》、杜金鹏：《中国龙，华夏魂——试论偃师二里头遗址"龙文物"》，《二里头遗址与二里头文化研究》，科学出版社，2006年。

② 杜金鹏：《中国龙，华夏魂——试论偃师二里头遗址"龙文物"》，《二里头遗址与二里头文化研究》，科学出版社，2006年。

③ 许宏、陈国梁等：《二里头遗址聚落形态的初步考察》，见本书。

④ 李志鹏：《二里头文化墓葬研究》，《中国早期青铜文化——二里头文化专题研究》，科学出版社，2008年。

图1　墓葬2002VM3（西—东）

向东。经鉴定，墓主为成年男性，年龄在30～35岁之间。墓底散见零星朱砂，未发现明确的棺痕（图1）。

二里头遗址已发现的甲类墓中，已知墓圹面积超过2平方米（即大体为2米长、1米宽）的贵族墓只有10座，而属于第二期的仅有2座（另一座因被扰面积不详），M3是其中的一座。所以，M3属于迄今所知二里头都邑中最高等级的墓之一。同时，M3又是3号基址院内发现的6座墓中最接近建筑中轴线的一座，其面积、位置和随葬品的丰富程度也是成正比的。

三、M3的器物组合与相关问题

2002VM3墓内出土随葬品丰富，包括铜器、玉器、绿松石器、白陶器、漆器、陶器和海贝等，总计37件（组）（详表1）。这里仅就绿松石龙形器及其同类器——嵌绿松石铜牌饰与铜铃的组合关系，以及铜铃与铃舌、圆陶片与漆器的组合关系做进一步的讨论。

（一）铜铃与松石镶嵌器的组合关系

M3墓内出土铜铃1件，置于墓主腰部，绿松石龙形器之上。铃内有玉质铃舌，铜铃表面黏附一层红漆皮和纺织品印痕。

目前在二里头遗址，还没有发现二里头文化二期的青铜容器。在前述被定为第二期的3座甲类墓中，都出土有铜铃，另一座保存基本完好的墓中还伴出有嵌绿松石铜牌饰。如是，铜铃与嵌绿松石铜牌饰，就是二里头文化第二期仅见的两种与礼仪相关的青铜器。鉴于二里头文化第一期尚未发现此类铜器，它们也是二里头文化最早的与礼仪相关的青铜器。依这一分期意见，嵌绿松石铜牌饰和绿松石龙形器这两种松石镶嵌器就具有共时性，都见于二里头文化第二期。

但这一结论，还有详细分析的必要。

墓葬2002VM3之外的2座出有铜铃的二期墓葬，分别是82ⅨM4和81VM4。

前者遭盗扰，仅发现铜铃、玉铃舌、玉钺和2件绿松石饰。在没有可资断代的陶器出土、没有交代任何层位关系的情况下，简报作者明确地将其断为第二期，其他几座墓也有类似的情况，不知何据。据发掘者介绍，同时发掘的这批墓葬分属于第二期和第三期，不排除该墓属二里头文化晚期的可能性。该墓出土的所谓玉钺，两侧带扉齿，应为广义的钺之一种——戚[①]，除此器外，这类器物均见于二里头文化第四期，此器扉齿的形态则颇近于属于第三、四期的

① 栾丰实：《二里头遗址出土玉礼器中的东方因素》，《中原地区文明化进程学术研讨会文集》，科学出版社，2006年。

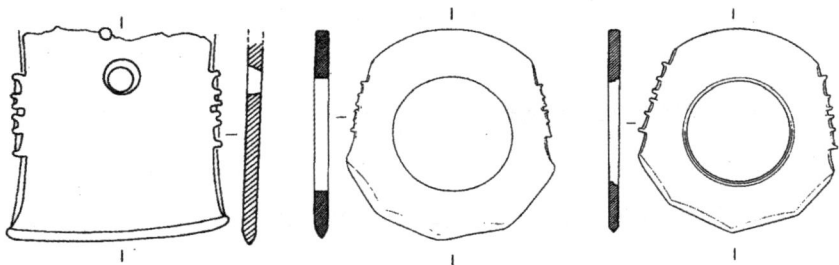

图2　玉石器扉齿形态的比较
1.戚（82IXM4）2.璧戚（VIIIKM5）3.璧戚（VIKM3）

璧戚^①（图2）。

　　墓葬1981VM4也遭盗扰，出土了铜铃、玉铃舌、嵌绿松石铜牌饰、玉柄形饰、绿松石管珠、漆钵、漆觚、漆鼓等漆器，以及陶盉和圆陶片。简报中只说"根据地层叠压关系及随葬品分析：M4、M5属二里头二期偏晚，M1、M3则属二里头三期"，却没有给出具体的层位关系，M4出土的陶盉的文字和图像资料也没有刊布。

　　从空间关系上看，"M3、M4、M5三座墓自东向西分别排列在夯土基址的北面"。叶万松等认为M3、M4、M5应同属二里头文化第三期。其理由是："虽然M4出土的陶盉等器物由于与其他墓内出土的同类器相似或未及复原等原因未发表，但简报公布了与M4同期的M5出土的一组陶器。M5出土的陶盉（M5：4）与《二里头陶器集粹》'陶器分期图'中的第三期陶盉（85VIM4：1）相近……M5出土的陶豆是典型的二里头三期的浅盘高圈足无镂孔豆……从整体观之，M5的年代当属二里头三期，而与其同期的M4的年代亦应为二里

---

①　原报告定为第三期的墓葬75VIKM3，应属四期早段。详见，许宏、赵海涛：《二里头遗址文化分期再检讨——以出土铜、玉礼器的墓葬为中心》，见本书。

头三期"①。李志鹏更将81VM5的时代定为三期晚段②。

迄今为止，已发表的出土于二里头遗址的铜牌饰共3件，另外的两件均属第四期。而上述分期意见应可信从，那么，M4所出铜铃和嵌绿松石铜牌饰也就很可能早不到二里头文化第二期。

除了李志鹏定为甲类墓的上述3座出有铜铃的"二期"墓葬外，还有一座出土铜铃的墓（62VM22），在发掘报告中也被定为二期③。经查对原简报④，其中披露了M22出土的鬶、小罐（报告称高领罐）的线图（该简报未按遗存单位发表器物），这2件器物当时被定为"晚期"即后来的第三期，说明发掘者原本即认定该墓属第三期。近来学者把这座墓划归三期早段⑤，是妥当的。要之，这件出有铜铃的墓可以排除在二期之外。

鉴于此，2002VM3所出铜铃是迄今为止唯一一件因具有明确的层位关系和器物组合而可以确认属二里头文化第二期的铜铃；而如前所述，嵌绿松石铜牌饰很可能早不到二里头文化二期，从而与绿松石龙形器不一定具有共时关系，而很可能是早晚相继。如是，2002VM3的青铜铃也就是迄今可确认的二里头文化二期（早期）唯

① 叶万松、李德方：《偃师二里头遗址兽纹铜牌考识》，《考古与文物》2001年第5期。

② 李志鹏：《二里头文化墓葬研究》，《中国早期青铜文化——二里头文化专题研究》，科学出版社，2008年。

③ 中国社会科学院考古研究所：《偃师二里头：1959年~1978年考古发掘报告》，中国大百科全书出版社，1999年。

④ 中国科学院考古研究所洛阳发掘队：《河南偃师二里头遗址发掘简报》，《考古》1965年第5期。

⑤ 李志鹏：《二里头文化墓葬研究》、陈国梁：《二里头文化铜器研究》，《中国早期青铜文化——二里头文化专题研究》，科学出版社，2008年。许宏、赵海涛：《二里头遗址文化分期再检讨——以出土铜、玉礼器的墓葬为中心》，见本书。

——件礼仪性铜器，也是二里头文化最早的礼仪性铜器。

目前所知随葬铜铃的墓葬共6座，除前述4座外，还有2座属二里头文化第四期，即84VIM11、87VIM57。我们将这6座墓的情况列表如下（表1）。

表1　二里头遗址随葬铜铃、松石镶嵌器的墓葬

墓葬单位	保存状况	墓圹长×宽-深（米）	铜礼器	玉石器	陶器	漆器及其他	原分期	笔者分期
2002VM3	较好	2.24×1.1-（0.5~0.6）	铃（含铃舌）	绿松石龙形器、绿松石珠2	斗笠状白陶器3，爵、盉2、长流盉、鼎、豆3、高领尊3、平底盆2、器盖，圆陶片3	觚、钵形器、带柄容器等。海贝逾90枚	二期	二期晚段
81VM4	扰	2.5×1.16-?	铃（含铃舌）、嵌绿松石牌饰	绿松石管珠2	盉（无图）、圆陶片2	觚、鼓、钵2	二期	三期?
82ⅨM4	扰	—	铃（含铃舌）	钺、绿松石饰2			二期	三期?
62VM22	好	2.05×0.6-0.4	铃	绿松石大扁珠2	鼎、鬶、爵、觚2、豆2、折沿盆、高领罐、瓮	海贝1	二期	三期早段
84VIM11	好	2.4×（0.8~0.9）-0.9	爵、铃（含铃舌）、嵌绿松石牌饰	刀、圭、璧戚、柄形器3、绿松石管饰2	爵、盉，圆陶片6	盒，海贝58	四期	四期晚段
87VIM57	好	2×1.05-0.35	爵、铃（含铃舌）、嵌绿松石牌饰	戈、刀、半月形器、柄形器2、小玉饰各两枚，绿松石珠2、绿松石片若干	盉、簋、圆腹罐、盆，圆陶片5	觚（？），海贝5，石铲	四期	四期晚段

我们先看6座墓中2座不出松石镶嵌器墓葬的情况。如上表所示，82ⅨM4遭盗扰，原器物组合不清。62VM22则显得较为特殊。首先，该墓的宽度较小，只有0.6米，面积不足2平方米；而其余5座墓的面积都超过了2平方米。其次，这座墓中仅有铜铃，而无铃舌，响器组合不全；而其他5座墓的铜铃和铃舌都是伴出的。此外，该墓还缺乏玉器和漆器，也与其他墓形成对比。总体上看，62VM22的规格偏低，随葬铜铃不甚符合规制，可能为特例。这或可解释该墓未出松石镶嵌器（铜牌饰）的原因。

除上述两墓，其他4座墓都是铜铃与松石镶嵌器（嵌绿松石动物纹铜牌饰，或大型绿松石龙形器）共出。偏早的绿松石龙形器与铜铃、偏晚的铜牌饰与铜铃的组合关系相对固定；绿松石龙形器和铜牌饰在墓葬中的位置相近，都置于墓主人的上半身。种种现象，表明绿松石龙形器和铜牌饰应大致属同类器，铜铃与动物母题松石镶嵌器应是二里头文化贵族墓随葬品中一个较固定的组合。以这一组合随葬的墓主人或许有特定的身份（图3）。

这样，二里头文化铜铃与松石镶嵌器可能的分期组合关系可表述为（表2）：

表2　铜铃与松石镶嵌器可能的分期组合关系

墓号	二期晚段	三期?	四期晚段
2002VM3	铜铃+松石龙形器		
81VM4		铜铃+松石铜牌饰	
84VIM11 87VIM57			铜爵+铜铃+松石铜牌饰

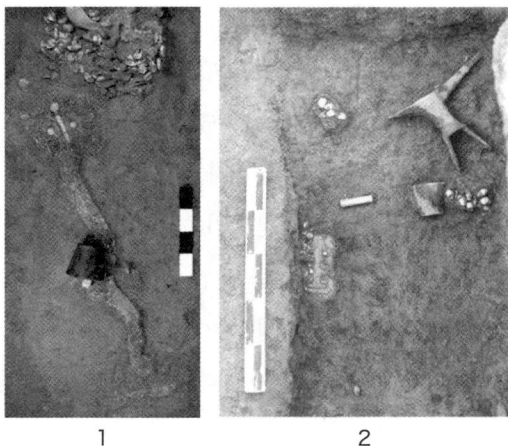

图3　铜铃与松石镶嵌器的组合

1.铜铃+松石龙形器（2002VM3）2.铜爵+铜铃+松石铜牌饰（84VIM11）

（二）其他器物组合分析举例

1. 铜铃与铃舌

关于铜铃与玉石质铃舌的对应关系，还有一个认识过程。

二里头遗址二里头文化墓葬中的铃舌，最早发现于1981年发掘的墓葬81VM4。当年抢救性清理的6座墓葬是否均遭扰动，简报没有明确交代，只提及"清理的六座墓，以M1和M6被破坏的最严重"，暗示这批墓葬均遭到了不同程度的损坏。从81VM4平面图中器物的分布上看，该墓可能也遭扰乱。铜牌饰和铜铃位置相近，位于墓葬中部偏北处，铃舌与铜铃分离，但位于其近旁。原状如此还是经扰动，不得而知。或许20世纪60年代在墓葬62VM22中发现第一件铜铃没有伴出铃舌，而此墓中铃舌又与铜铃分离，所以发掘者没有将其联系在一起，而称铃舌为"玉管"和"玉管状物"。

80年代在82ⅨM4中又有铜铃和铃舌共出。此墓也经扰乱，但铃舌"与铜铃为社员取土时从墓中发现，该器置铃内"，已透露出二者关系的重要信息，遗憾的是未保存下图像资料。发掘者或许出于慎重的考虑，仍称铃舌为"管状玉器"。

随后，墓葬84VIM11、87VIM57中又先后出土了铜铃与铃舌。这两批墓葬都是在正式布设的探方中发现的，从简报介绍的情况看，应未遭扰动。铜牌饰和铜铃都位于墓穴中部，铃舌与铜铃分离，或位于铜牌饰与铜铃之间（84VIM11），或在铜铃近旁（87VIM57）。这或许提示我们二者在下葬时就可能分开放置？1984年发掘的简报仍称铃舌为"玉管状器"，到1987年简报，始称其为"玉铃舌"，且介绍"铃舌下端周缘有撞击痕"。至此，铃舌的性质得以确认。

在2002VM3中，玉石质铃舌置于铜铃内，显现出其原真的使用状态。这是首次经正式清理的、按原真使用状态放置的二里头文化铜铃与铃舌组合，因而具有重要的史料价值（图4）。

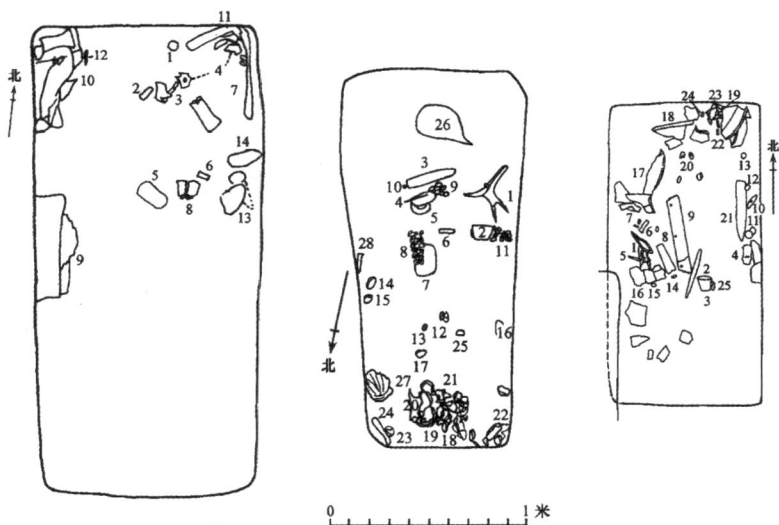

图4 出土铜铃与铃舌的墓葬平面图
1.81VM4 2.84VIM11 3.87VIM57

2. 圆陶片与漆觚

在历年清理的二里头遗址墓葬中，除了成组的陶质容器外，还经常出土有圆陶片。这些圆陶片"由器底或陶片磨成，大部分留有纹饰和麻点"，并不十分精致，但表面往往涂朱。其直径多在3厘米余，大者直径在5.3厘米~7.3厘米之间。

20世纪80年代，发掘者已注意到二里头文化的墓葬中"规格较高者有柄形饰、铜铃、绿松石饰、绿松石镶嵌兽面纹铜牌饰、圆陶片、漆器等随葬"。随后有研究者在梳理墓葬材料时也注意到这类小物件的存在。如缪雅娟、刘忠伏提及"二、三、四期中型墓绝大多数还随葬有圆陶片，数量一至六枚不等"[①]。郑若葵更将其与陶质容器一起做了统计。论及墓葬的陶器组合，作者认为"（陶器器形数量和种类）应用场次的多寡区别，如实地反映了它们在组合中的主次地位或主从关系"。他指出，"圆片在小型二、三期墓中地位不显，至四期方明显提高，但在中型墓中，圆片在二期的作用虽也不太明显，但至三、四期则明显占据核心器形地位。此外，从组合总体特点看，小型墓较偏重罐、豆、三足盘，而中型墓则突出盉、圆片"[②]。小型墓偏重的均为日用盛食器，中型墓则突出酒器和圆陶片，这是个非常值得重视的现象。但郑若葵的分析止于对现象的观察和统计。

李志鹏《二里头文化墓葬研究》一文，是目前关于二里头文

---

① 缪雅娟、刘忠伏：《二里头遗址墓葬浅析》，《文物研究》第3期，黄山书社，1988年。

② 郑若葵：《论二里头文化类型墓葬》，《华夏考古》1994年第4期。

化墓葬最为深入系统的研究①。在他划分的层级最高的Ⅰ级墓中，"随葬有青铜礼器、玉礼器、绿松石器和比较精致的陶礼器（如白陶器），往往还随葬有漆器和圆陶片。圆陶片的数量一般与墓葬随葬品的丰富程度成正比"；ⅡA级墓"一般随葬成组陶质酒器、玉礼器和圆陶片"。据他的统计结果，"各期不同等级墓葬的墓圹长宽（尤以宽度反映更为明显）、圆陶片、铜器、玉器的数量随着墓葬等级由高往低呈递减趋势。也就是说，墓葬的等级差别在墓圹规模和随葬圆陶片、铜器、玉器的数量上反映得最明显"。到第三、四期，"圆陶片基本成为铜器墓必出的器物，而且其数量多寡一般与随葬品的丰富程度和墓葬等级高低有着对应关系"。"因此圆陶片数量的多寡可能代表着铜器墓内部等级的区分"。他进而指出，"圆陶片主要是一种身份象征物，很难界定为礼器"。

一种与墓室规模、铜玉礼器等同为墓葬等级划分标志物的随葬品，又"很难界定为礼器"，这是非常不合情理的。一种普通陶容器残片的简单改制品，又如何能成为"身份象征物"？显然，这种不起眼的"小件"不应是以独立的身份而出现的，它最有可能与铃舌一样，属于某种高等级器物的附件或组成部分？多年来对二里头文化墓葬的发掘与研究，都没能给出令人满意的答案。

M3的发现为圆陶片功用问题的探索提供了重要的线索："漆器种类和数量较多，见于墓内四周，而以近东壁处最为集中，可辨器形有觚、钵形器、带柄容器等，有的漆器如觚的底部垫有一枚圆陶片"。已有学者注意到这一信息并加以分析："值得注意的是，M3

——————————

① 李志鹏：《二里头文化墓葬研究》，《中国早期青铜文化——二里头文化专题研究》，科学出版社，2008年。

为了以漆成形带圈足的觚，圈足部分必须以陶器成形，显出以漆、陶合作，以罕见材质成形特有漆类的努力"①（图5）。

梳理既往圆陶片出土情况的材料，我们注意到，圆陶片与漆器的关联性，早有蛛丝马迹。

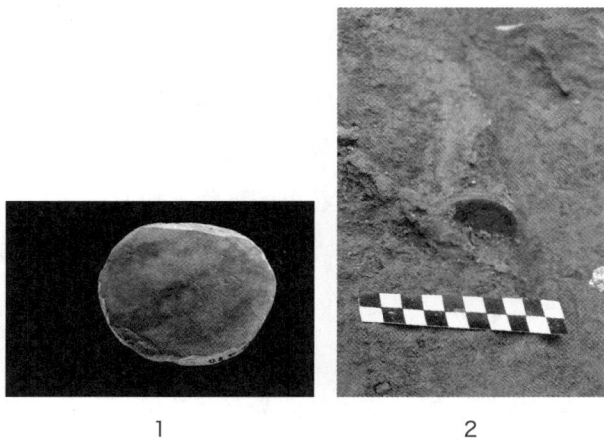

图5　圆陶片及其出土状况
1.圆陶片（01VM1）2.圆陶片与漆觚的关系（02VM3）

在出有圆陶片的22座墓中，有10座出土了漆器，其中又有半数确认有漆觚。其余12座未发现漆器的墓葬，有9座遭到不同程度的破坏，信息不全。

众所周知，黄河流域的早期漆器保存状况较差，一般仅存漆皮甚至痕迹，不易辨识器形、起取保护。二里头文化较高等级的墓葬又常铺有朱砂，朱砂与漆器的成分尚无确切的科技分析。发掘者所

_____

① 陈芳妹：《二里头M3——社会艺术史研究的新线索》，《二里头遗址与二里头文化研究》，科学出版社，2006年。

谓"朱砂"者，不排除包含漆器的遗痕。报告和简报中所谓圆陶片大多"涂硃（朱）""表面粘有朱砂""有朱砂红痕迹""大部分一面涂一层红彩"，或与漆器的表面着色有关。墓葬75ⅥKM3出土数枚圆陶片"涂朱或涂墨"，最能说明问题：除了红色外，二里头文化的漆器也发现有髹黑、褐、白色漆者。

这些圆陶片在墓葬中往往分布范围较为集中。如在75ⅥKM3中，"六个圆陶片零散分布在中部一带"；ⅢKM2"北部有涂硃小圆陶片5件"、76ⅢKM6"北部有涂朱小圆陶片6件"、76ⅢKM10"西壁北部下面有二堆朱漆残迹和涂朱圆形陶片3件"；1984年Ⅵ区发现的4座墓，"圆陶片大部分……置于墓底中部两侧，个别在头部附近"；87ⅥM57出土的5件圆陶片，有3件近墓室东壁，而恰恰"在墓坑的东壁上发现朱红漆皮，形似觚"。

上述墓葬中圆陶片一方面分布范围相对集中，另一方面则未见摞放一起的现象，在比较明确的描述和墓葬平面图中可以看出均单置各处。如果说圆陶片的性质可能与单件的某类漆器相对应或者就是某类漆器成形的组成部分，墓葬中的圆陶片不应该摞放在一起，而且彼此之间当有一定的间隔。从目前的考古发现来看，上述推断至少与考古现象并无矛盾处，而且可以看出圆陶片确实与漆器有一定的关联性[①]。

---

① 这一观察蒙李志鹏博士见告。他是M3的具体发掘者和《二里头文化墓葬研究》的作者，对各种相关现象的观察梳理细致入微。关于圆陶片与漆器的关联性，在上文中几乎呼之欲出，但却未正式提出。近日交流，方知他是因我在主持当年发掘时就有类似看法，而又未正式见诸文字，认为不应先提。此乃多虑，其实我们在报道中提及"有的漆器如觚的底部垫有一枚圆陶片"（《考古》2005年第7期），已有相当的倾向性。志鹏博士对此未能展开讨论，是很遗憾的事。特记于此并致谢。

由于出土圆陶片的墓葬有的被扰乱、破坏，且相关发掘简报与报告介绍器物位置时并不都特别具体，因保存状况与现场清理、提取技术的原因，有时难以分辨漆器的器形器类，导致圆陶片和漆器的具体关系难以确切把握。因此，我们还不能说二里头文化墓葬中所有的圆陶片都与漆器有关，以上的分析也只是提示了一种可能性。圆陶片功用问题的解决，有赖于更多更翔实的考古资料的发现。

至于二里头文化之前或之后墓葬中发现的圆陶片的功用问题，更要另当别论了。诚如有学者指出的那样，"（二里头文化）处在我国青铜文明的早期阶段，青铜礼器的使用尚不普遍，因此，礼器（主要指容器类的）的组合，往往是青铜器与陶器、漆器相配伍，青铜器单独配置成套的情形，并不多见。铜礼器与其他质料礼器搭配成组，主要是铜爵与陶盉、漆觚的组合……青铜器与漆器、陶器共同组成礼器群，构成二里头文化礼器制度的重要特征"[1]。这也应是圆陶片习见于二里头文化高等级墓葬的大的社会背景。

"早商时期，圆陶片多出现在随葬青铜器、玉器或成组陶器的墓中"；"而晚商时期少见或不见"[2]。随着成套铜礼器组合的出现，铜、漆、陶器合组礼器群的现象，也就逐渐退出历史舞台。

四、余 论

二里头2002VM3及随葬绿松石龙形器，出现于二里头都邑初始兴盛期的宫殿区，此时的二里头聚落已经具备了东亚地区超大型都邑的

---

[1] 中国社会科学院考古研究所：《中国考古学·夏商卷》，中国社会科学出版社，2003年。

[2] 胡洪琼：《试论早商时期墓葬陶器组合》，《殷都学刊》2012年第2期。

内涵与气象。M3则属于迄今所知二里头都邑中最高等级的墓葬之一，墓主为具有特殊身份的较高等级的贵族。M3出土的绿松石龙形器和铜铃的组合，开二里头文化铜铃与动物母题松石镶嵌器配套的固定礼器组合的先河，与不同材质的酒礼器组合在一起，构成独具特质的华夏早期国家礼器群。那些可能与沟通人与祖先或天地、神灵有关的神话性动物形象，出现在青铜器铸造技术成熟以前的二里头时代的松石镶嵌器、玉器等美石器的图案或纹样母题上，此后则成为青铜器纹饰最重要的构成部分，并且始终与当时社会中高等级贵族乃至王室有着密切的关系，成为礼器或威权物品最重要的纹样母题。这启示我们，早期中国以龙等神化或半神化性动物图案为代表的动物母题与华夏早期礼器的特殊关系及其文化内涵，可能是我们理解中国早期文明文化底蕴的关键元素之一。与绿松石龙形器和铜铃相辉映的，还有铜、漆、陶礼容器构成的多彩的早期礼容器群。能力有限，无法展开论述。本文只是从个别侧面，窥探了其中的若干细节，如能稍稍增益对华夏早期国家礼器群的认识，则幸甚。

（北京大学中国考古学研究中心等编：《古代文明》第10卷，上海古籍出版社，2016年）

整合分析

焦

点

二

里

头

嵩山南北龙山文化至二里头文化演进过程管窥

在中国早期文明形成的过程中，龙山时代和二里头时代①是至关重要的两个大的历史时期。群雄竞起的龙山时代末期，曾经光灿一时的各区域文化先后走向衰败或停滞，与其后高度繁荣的二里头文化形成了较为强烈的反差。我们称其为中国早期文明"连续"发展过程中的"断裂"现象②。我们注意到，这一"断裂"现象在嵩山南北虽也存在但不甚明显，二里头文化恰恰是在这一地区孕育发展，最后以全新的面貌横空出世，成为中国历史上最早出现的核心文化的。这一演进过程无疑是解开二里头文化崛起之谜的一把钥匙，但其中的许多细节我们仍未能全面地把握。这里仅就现有材料略陈管见。

---

① 严文明：《龙山文化和龙山时代》，《文物》1981年第6期。许宏：《略论二里头时代》，见本书。
② 许宏：《"连续"中的"断裂"——关于中国文明与早期国家形成过程的思考》，《文物》2001年第2期。

一、龙山文化与二里头文化关系的研究历程

二里头文化发现于20世纪50年代。这一在时间上介于龙山文化与二里岗商文化之间的新的考古学文化在发现伊始即引起了学界的极大关注。二里头遗址的二里头文化先是被划分为早中晚三期，至70年代，发掘者又将晚期遗存分为二期，二里头文化四期分期方案最后形成。

其中，二里头文化一期遗存（以下简称"一期遗存"）是把握龙山文化与二里头文化关系的焦点。从发现伊始，学界即注意到了它与当地龙山文化的密切关系，甚至一度将其定性为"河南龙山文化晚期"。嗣后，二里头遗址的发掘者将其划归"二里头类型文化"的同时，已指出它"应该是在继承中原的河南龙山文化的基础上，吸取了山东龙山文化的一些因素而发展成的"。此后，洛阳东干沟、汝州煤山、新密新砦、洛阳矬李等遗址的发掘者，也都认为由各自对龙山晚期至"一期遗存"的发掘，可以进一步确证后者是由前者直接发展而来，二者有着一脉相承的关系。

就王湾三期文化与"一期遗存"的承继关系而言，学者间的意见分歧并不太大，相异之处在于是认为二者究竟具有一脉相承的关系，还是属于有一定联系的两支不同性质的考古学文化。

在夏文化讨论中，主张夏文化的上限可达于龙山文化者论证两者文化性质相同。大多数学者认为王湾三期文化与二里头文化是"具有前后一脉相承发展关系的两种文化"[1]。在许多学者的眼中，

---

[1] 赵芝荃：《试论二里头文化的源流》，《考古学报》1986年第1期。安金槐：《试论豫西地区龙山文化类型中晚期与夏代文化早期的关系》，《夏文化研究论集》，中华书局，1996年。

王湾三期文化和二里头文化间的划界仅是在同一个大的文化系统内
所作的期别上的划分而已[1]。而主张夏文化限于二里头文化者也认为
"夏文化二里头型是直接继承河南龙山文化来的",只是其"并未
直接过渡为夏文化二里头型早期"[2]。

如前所述,二里头文化一期遗存,最初是以二里头遗址的早期
遗存为基准命名的。至20世纪70年代,在汝州煤山、新密新砦等地
发现了晚于一般的龙山文化,与"一期遗存"近同又似乎"略早"
的遗存。在当时龙山文化和二里头文化非此即彼的"二元论"的认
知背景下,发掘者将此类遗存归于"一期遗存",已开始突破本来
意义上的二里头文化的范畴,"一期遗存"的外延被扩大,二里头
文化的上限开始被前提。

80年代,赵芝荃将这类被认为介于河南龙山文化和二里头文化
一期之间的遗存命名为"新砦期二里头文化"[3]或"新砦期文化"[4]
(表1)。至此,龙山文化至二里头文化之间存在过渡期的概念被正
式提出,这可以看作是后来"三分法"的雏形。如前所述,相关发
掘者对该类遗存归属的认识是有一定的变化的。即从一开始认为属

---

① 李仰松:《从河南龙山文化的几个类型谈夏文化的若干问题》,《中国考古学
会第一次年会论文集》,文物出版社,1980年。飯島武次:《河南龍山文化(夏文
化)と二里頭文化》,《中国新石器文化研究》,山川出版社(東京),1991年。
其中文译文节选见《关于二里头文化——二里头类型第一期不属于二里头文化》,
《夏商文明研究》,中州古籍出版社,1995年。方孝廉:《夏代及其文化》,
《夏文化研究论集》,中华书局,1996年。郑光:《二里头陶器文化论略(代前
言)》,《二里头陶器集粹》,中国社会科学出版社,1995年。

② 邹衡:《试论夏文化》,《夏商周考古学论文集》,文物出版社,1980年。

③ 赵芝荃:《略论新砦期二里头文化》,《中国考古学会第四次年会论文集》,
文物出版社,1985年。

④ 赵芝荃:《试论二里头文化的源流》,《考古学报》1986年第1期。

于二里头一期文化的范畴，到将其分离出来另立一个早于一期的期别，同时认为该类遗存仍属于二里头文化，再到倾向于将其从二里头文化中独立出来。

表1　龙山文化至二里头文化阶段划分的代表性意见

赵芝荃 1985①		邹衡 1988②		李德方 1993③		饭岛武次 1991④		方孝廉 1996⑤		赵春青 2002⑥		杜金鹏 2001⑦		笔者		
龙山晚		龙山晚		龙山晚		龙山晚		龙山晚		龙山晚		龙山晚		龙山晚		
二里头	新砦	二里头	一	二里头	一	二里头	早	煤山·二里头	早	二里头	新早	二里头系统	新砦	新砦	早
	一		二		二		中				新晚		早	二里头	晚
	二		三		三		晚		晚		一		晚		二
	三		四		四						二		二里头		三
	四										三				四
											四				

近年出版的《夏商周断代工程1996—2000年阶段成果报告·简本》⑧和新砦遗址1999年发掘简报重新肯定了一度颇受质疑的"新

① 赵芝荃：《略论新砦期二里头文化》，《中国考古学会第四次年会论文集》，文物出版社，1985年。

② 邹衡：《综述夏商四都之年代和性质》，《殷都学刊》1988年第1期。

③ 李德方：《二里头类型文化的来源及相关问题》，《青果集》，知识出版社，1993年。

④ 饭岛武次：《河南龍山文化（夏文化）と二里頭文化》，《中国新石器文化研究》，山川出版社（東京），1991年。

⑤ 方孝廉：《夏代及其文化》，《夏文化研究论集》，中华书局，1996年。

⑥ 赵春青：《新砦期的确认及其意义》，《中原文物》2002年第1期。

⑦ 杜金鹏：《新砦文化与二里头文化——夏文化再探讨随笔》，《三代考古》（一），科学出版社，2004年。

⑧ 夏商周断代工程专家组：《夏商周断代工程1996—2000年阶段成果报告·简本》，世界图书出版公司，2000年。

砦期二里头文化"的提法。后者提出了"新砦二期"的概念，并将新砦二期遗存划分为早晚两段[①]。其早段已超出了赵芝荃所论"新砦期"的范畴。近来，又有学者将赵定为早于"新砦期"、应为龙山文化晚期的遗存划为"新砦期"的早段[②]。这就进一步扩大了"新砦期"的时间外延。

关于"新砦期"的文化归属问题，目前大多数学者支持"新砦期"（不一定采用这一提法）属于二里头文化范畴，或其较之龙山文化更近于二里头文化的观点。对"新砦期"持否定或肯定态度的学者间在此类遗存性质的认定上并无根本的分歧。二者的不同只是称谓上的不同，即是保持原二里头文化一期概念不变而另立一期，还是把一期的上限上推而囊括"新砦期"（表1）。

近年，杜金鹏又提出了应将"新砦期二里头文化"，"与二里头文化原第一期遗存合并成一个独立于王湾三期文化和二里头文化之外的考古学文化——新砦文化"的观点[③]。这是对王湾三期文化至二里头文化演进序列"三分法"的最明确的表述。

我们注意到，近来新砦遗址发掘者对"新砦期"遗存归属的观点也有所改变。先是认为"不必将这一过渡期单列为一个新的考古学文化，而应归入势力呈上升趋势的二里头文化早期"[④]。而在最近发表的新砦遗址2000年发掘简报中，已开始将"新砦期文化遗存"

---

① 北京大学考古文博学院、郑州市文物考古研究所：《河南新密市新砦遗址1999年试掘简报》，《华夏考古》2000年第4期。

② 顾问：《"新砦期"研究》，《殷都学刊》2002年第4期。

③ 杜金鹏：《新砦文化与二里头文化——夏文化再探讨随笔》，《三代考古》（一），科学出版社，2004年。

④ 赵春青：《新砦期的确认及其意义》，《中原文物》2002年第1期。

独立于"二里头文化遗存""二里头早期"之外加以阐述。

上述诸观点都主要是从时间早晚的角度来诠释"新砦期遗存"和"一期遗存"的关系，这代表了参与讨论的绝大部分学者的思路。隋裕仁则从文化发展不平衡性的角度提出了自己的看法。他指出，类似二里头类型"二、三、四期的遗存已在许多遗址相继发现，但至今则没有发现一处同于其一期遗存的遗址，而过去凡划归为二里头类型一期的遗存，均属于新砦期"。他认为这种现象说明"新寨期与二里头遗址一期文化是处在同时期而文化性质不同的遗存"①。

至于"一期遗存"与二里头文化二期以后遗存一脉相承的关系，学界已有了基本的共识，形成了主流观点②。但与此同时，学术界也早就注意到了二者间存在的明显差异，因而也就有了学者们在认可二里头文化四期说的前提下，又不断对"一期遗存"的归属问题提出质疑的情况。一些学者指出"二里头一期具有由前一种考古文化向后一种考古文化过渡的性质。到了二里头二期，文化面貌发生了质变，二里头文化将龙山文化取而代之"。"从'河南龙山文化'向二里头文化的转折，当在二里头文化的一、二期之际。"③有学者主张"以篮纹方格纹陶和折沿平底器为主要特征的煤山类型不可能也决不会是以绳纹陶、卷沿圜底器等为主要特征的成熟期的二

① 隋裕仁：《二里头类型早期遗存的文化性质及其来源》，《中原文物》1987年第1期。

② 邹衡：《试论夏文化》，《夏商周考古学论文集》，文物出版社，1980年。赵芝荃：《关于二里头文化类型与分期的问题》，《中国考古学研究（二集）》，科学出版社，1986年。夏商周断代工程专家组：《夏商周断代工程1996—2000年阶段成果报告·简本》，世界图书出版公司，2000年。

③ 方孝廉、李德方等：《试析煤山煃李两遗址的河南龙山文化和二里头文化》，《中原文物》1983年特刊。

里头类型文化的全部来源"，从而将二里头类型文化的早、晚期分界划定在一期和二期之间①。前述饭岛武次、杜金鹏分别将一期划归"王湾类型"和"新砦文化"，都强调了二里头文化一、二期之间较为显著的差别（表1）。

二、对"新砦期遗存"与"一期遗存"时空关系的认识

我们认为，"二里头文化一期遗存"，应限定在20世纪60年代二里头遗址发掘简报所定该遗址的早期遗存，及70年代简报所改定的一至四期遗存的第一期的范畴内。其文化内涵以二里头遗址的该期遗存为基准，不包括早于或晚于它的遗存。

就已发表的材料而言，迄今为止所知含有"一期遗存"的遗址约20处，其分布以嵩山北侧的伊洛平原和嵩山南侧的北汝河、颍河上游一带最为密集。这一带恰是王湾三期文化、"新砦期"文化和二里头文化的核心类型——二里头类型的中心分布区。"一期遗存"的分布地域西至崤山，北以黄河为界，东未及郑州、新郑一线，南不过伏牛山②，远远小于二里头文化二、三期的分布范围③。

① 李德方：《二里头类型文化的来源及相关问题》，《青果集》，知识出版社，1993年。

② 许宏：《"新砦文化"研究历程述评》，《三代考古》（二），科学出版社，2006年。

③ 根据目前的资料，二里头文化的分布中心是河南省中西部的郑州、洛阳地区和山西省西南部的运城、临汾地区。向西突入了陕西关中东部、丹江上游的商州地区，南及豫鄂交界地带，往东至少分布到豫东开封地区，北方可抵沁河岸旁。详见，中国社会科学院考古研究所：《中国考古学·夏商卷》，中国社会科学出版社，2003年。

已发现的二里头文化二、三期的遗址数量是"一期遗存"的10倍以上。从空间分布上看，"一期遗存"主要分布于嵩山以北的伊、洛河流域，而少见于嵩山以南地区颍、汝河流域；"新砦期"遗存则以嵩山以南地区较为集中。

关于"一期遗存"的年代上限，先是被大致框定在公元前1900年[①]，后来的断代工程所得结论也未能使之进一步精确化。测年专家认为"两次测定所得结果一致。二里头文化的早期年代不早于公元前1880年"[②]，下限则晚至公元前1640年，年代跨度更为宽泛。到目前为止，我们还无法确知"一期遗存"的具体年代。从以陶器为主的考古学文化面貌看，"一期遗存"延续的时间并不很长，且因发现较少，难以对其进行详细地再分段。依据目前发表的相关材料，仅可将其粗分为前后两段，由一些典型器物上可看出其演变的大致脉络[③]。

据新砦遗址发掘者透露，该遗址"新砦期"遗存"早段的绝对年代早于公元前1850年，晚段的年代在公元前1850年~公元前1680年之间"。"从测年数据看，新砦期的绝对年代难突破公元前2000年，尚未跨入龙山时代，只是比二里头文化稍早"[④]。依据上述介绍，可以得出两点结论：一、"新砦期"的绝对年代的确晚于以往所知龙山文化遗存的年代；二、至少"新砦期"晚段并不早于二里头文化一期。

---

① 仇士华、蔡莲珍等：《有关所谓"夏文化"的碳十四年代测定的初步报告》，《考古》1983年第10期。
② 张雪莲、仇士华等：《关于夏商周碳十四年代框架》，《华夏考古》2001年第3期。
③ 中国社会科学院考古研究所：《中国考古学·夏商卷》，中国社会科学出版社，2003年。
④ 赵春青：《新砦期的确认及其意义》，《中原文物》2002年第1期。

上引测年结果，与由该遗址的层位关系和类型学排比得出的"新砦期"早于二里头文化一期的结论①不相符合。断代工程所作高精度测定及考古层位学和类型学研究都不应被简单否定。这一问题有进一步探讨的必要。鉴于"新砦期"的碳素测定年代偏晚，并不早于二里头文化一期，因此，依据现有材料，我们还没有充分的证据把二者的差异看作是年代上的绝对差异。

上述相关遗存的空间分布和文化编年，支持这样一种解释模式："新砦期遗存"与"一期遗存"可能既有早晚之别，又有地域上的差异；至少主要分布于颍汝区的"新砦期"晚段遗存与主要分布于伊洛区的"一期遗存"之早段有同时并存的可能（表2）。

表2 "新砦期遗存"与"一期遗存"的时空关系

		颍汝区	伊洛区
王湾三期文化		煤山类型	王湾类型
新砦文化	早期	新 砦 期 早 段	
	中期	新砦期晚段	二里头一期早段
	晚期	二 里 头 一 期 晚 段	
二里头文化		二期—四期	

前引隋裕仁文，认为"新寨期与二里头遗址一期文化是处在同时期而文化性质不同的遗存。新寨期是王湾三期文化向二里头类型转变过程中的过渡性文化遗存，而二里头遗址一期则是这个转变过程中的局部性部分质变的文化遗存"②。就目前的考古材料看，以二

① 北京大学考古文博院、郑州市文物考古研究所：《河南新密市新砦遗址1999年试掘简报》，《华夏考古》2000年第4期。
② 隋裕仁：《二里头类型早期遗存的文化性质及其来源》，《中原文物》1987年第1期。

里头遗址的二里头文化一期为基准的"一期遗存"并非限于二里头遗址，而是具有一定的地域性。但其分布地域确实极为有限，且与所谓"新砦期"偏晚阶段遗存各有其分布范围，同时罕见二者相互叠压的层位关系。这是颇耐人寻味的。这种发生于伊洛区的"局部性部分质变"，似乎可以看作是二里头遗址及其所在区域在文化上的一种突进；而这种突进，可能与该人们共同体社会结构上的变化以及政治文化中心的迁移有关。

日本学者大贯静夫曾主要依据《中国文物地图集·河南分册》所提供的材料，对嵩山南北王湾三期文化的分布地域内，从龙山时代到二里头文化的分布情况进行了较为系统的梳理。据分析，在二里头文化时期出现了中心遗址的洛阳平原中心地带的伊河、洛河交汇点附近，却没有发现龙山时代的大型遗址群或大型遗址，只是在平原边缘地带的小型河流沿岸分布有小规模的遗址群。从这一时期遗址的分布上还看不出一体化的迹象。至二里头文化时期，洛阳平原的中心地带出现了不少新的聚落，在二里头遗址周围，较大型的遗址相隔一定的距离均匀分布，总体呈现出大的网状结构[1]。我们近年对以二里头遗址为中心的洛阳盆地进行系统区域调查的结果，也可见这样的趋势。由是可知，从聚落时空演变的角度看，作为二里头文化中心遗址的二里头遗址在伊洛平原的出现具有突发性，而没有源自当地的聚落发展的基础[2]。

由现有的发掘材料可知，二里头遗址"一期遗存"的分布范围

[1] 大贯静夫：《〈中国文物地图集·河南分册〉を読む——嵩山をめぐる遺跡群の動態》，《住の考古学》，同成社（東京），1997年。
[2] 许宏：《"连续"中的"断裂"——关于中国文明与早期国家形成过程的思考》，《文物》2001年第2期。

逾1平方公里。因遗迹遭破坏严重，发现数量较少，此期遗存究竟属一个大型聚落抑或是由数个聚落组成的一个遗址群，尚不得而知。无论上述哪种情况，其已显现出不同于同时期一般聚落的规模和分布密度。遗存中已有青铜工具、象牙器、绿松石器等规格较高的器物和刻划符号发现。此期的二里头遗址很有可能已成为中心聚落。

要之，从"新砦期"到二里头文化一期，考古学文化的核心区似乎有自嵩山东南向嵩山西北移动的趋势。"新砦期"与"一期遗存"间的差异，除了时间上的早晚关系外，可能还昭示了二者存在空间上的地域之别，或核心区与边缘区之别。如果说崛起于伊洛平原的二里头文化一期对于"新砦期"而言是一种突进，那么相比之下，主要见于颍汝区的"新砦期"晚段遗存，可能代表了该区域早期文化的一种惯性发展，因而在文化面貌上显现出一定的"滞后性"。

三、关于过渡期文化——"新砦文化"的提倡

总体上看，从以陶器为主的文化特征上看，由王湾三期文化到二里头文化的变化过程是渐进的，其间缺乏大的突变和质变现象（表3）[1]。鉴于此，有的学者甚至认为其应是同一文化的不同发展阶段[2]。在相关文化分期与谱系研究乃至文化归属问题上的种种歧见，也应主要归因于该地域文化发展上的渐进性或曰连续性。但学术界同时也意识到，"二里头文化不是河南龙山文化的自然延续，

---

[1] 许宏：《"新砦文化"研究历程述评》，《三代考古》（二），科学出版社，2006年。
[2] 方孝廉：《夏代及其文化》，《夏文化研究论集》，中华书局，1996年。

河南龙山文化也不是形成二里头文化的全部来源"①。这一区域处于不同发展阶段的考古学文化面貌既以当地先行文化为主源，随时间的推移按惯性连续演进，又不断吸纳新的文化因素，形成鲜明的特色。这种现象显现了该地区龙山文化至二里头文化演变过程的复杂性。这种复杂性，应是中国上古史上这一社会剧变时期人们共同体的分化与重组的真实写照。

由对王湾三期文化至二里头文化器物群演变过程的分析，还可以得出这样的结论：如果强为分之，似以王湾三期文化晚期和"新砦期"，以及二里头文化一期与二期之间的差别较大。

上述这一大的演化序列的两极是典型的王湾三期文化和典型的二里头文化，我们可以以这两极为基点，从前后两个角度来考察。首先，学术界已有的共识是，二里头文化二、三期遗存，最集中地表现出二里头陶器文化的基本特质。如果以此为基准来界定该文化在时间上的"临界点"，进而上溯其滥觞期，那么二里头文化一、二期之间无疑是一个重要的界限，该文化稳定的器物群组合应是自二期开始形成的；而王湾三期文化开始其"二里头化"的进程，则要上推至王湾三期文化晚期与"新砦期"之间。如果以王湾三期文化为参照系，从其递嬗演进过程看，那么"新砦期"文化陶器群折沿平底篮纹盛行的制器作风，确实予人以属于"大龙山"范畴的印象。这样的印象，甚至在通观"一期遗存"时也还能感受到。这也就可以理解缘何"一期遗存"在发现伊始就被当作龙山文化，而有的学者至今

---

① 李伯谦：《关于早期夏文化——从夏商周王朝更迭与考古学文化变迁的关系谈起》，《中原文物》2000年第1期。

表3　王湾三期文化晚期至二里头文化二期陶器群器组合演变

	折腹斝	双腹盆	罐形甑	斜壁盖	敛口钵	斜腹碗	乳足鼎	单耳杯	甑	圈足盘	鬶	三足皿	深腹罐	罐形鼎	盆形甑	深腹盆	高领瓮	缸	瓿	高柄豆	平底盆	刻槽盆	器盖带钮	盆形鼎	盉	圆腹罐	捏口罐	爵	四系壶	大口尊	敛口尊	陶高	器类占比
龙山晚期	▲	▲	▲	▲	▲	▲	▲	▲	△	▲	平口	△	平底	▲	△	折沿	▲	▲	▲	无沿	▲	斜壁	△	△	△								24/32
新砦					△	△	▲	△	△	▲	平口	瓦足	平底	▲	平底	折沿	▲	▲	▲	卷折	▲	半圆	平钮/折壁	△	△	△	▲						21/32
二里头第一期					△	△	▲	△	△	△	平口	瓦足	平底	▲	平底	折沿	▲		▲	卷折	▲	半圆	菌钮/折壁	▲	△	▲	▲	△					23/32
二里头第二期								△	▲	△	仰流	舌足	圜底		圜底	卷沿	▲	▲	▲	卷折	▲	半圆	菌钮/弧壁	▲	▲	▲	▲	▲	▲	▲	▲	▲	24/32

▲：多见或常见　△：少见或罕见

仍认为二里头文化一期属龙山文化的一部分或尾末阶段①。

　　如前所述，无论所持观点如何，学界对王湾三期文化晚期到"新砦期"，以及二里头文化一期到二期间的变化已给予了特别的关注。应当指出的是，用非此即彼的"两分法"来解读王湾三期文化到二里头文化这样一个以连续渐进为主流的谱系演化过程，似乎难以准确地把握其发展之脉络。这一问题在对二里头文化和夏文化的探索中逐渐被意识到，同时也一直在困扰着学界。从"新砦期"至二里头文化一期所具有的过渡性看，"新砦文化"说的提出，在渐变中寻求大的阶段性变化，就具有其相当的合理性。可以说，"三分法"能够更清晰地表述这一过渡过程，对相关问题的深入探讨具有积极意义。

　　约当龙山时代末期，曾孕育过高度发展的考古学文化的中原及周边地区都进入了一个发展的低潮期。不少区域的后续文化与其先行文化间缺少密切的承继关系，前者与后者相比甚至显现出文化和社会发展上的停滞、低落乃至倒退的迹象。在中原地区，王湾三期文化晚期和"新砦文化"也尚未发现可与二里头文化二期以后高度发达的文化内涵紧密衔接的重要遗存。但作为二里头文化的主源，可以认为"新砦文化"在总体的"断裂"中维系着某种程度的"连续"，才最后催生出辉煌的二里头文化。这也正是"新砦文化"的重要意义之所在。

---

① 郑光：《二里头遗址的发掘——中国考古学上的一个里程碑》，《夏文化研究论集》，中华书局，1996年。飯島武次：《中国考古学概論》，同成社（東京），2003年。

四、"华东化""华西化"与二里头文化

如果从文化因素分析的角度看，所谓的"二里头化"即由王湾三期文化演变为二里头文化这一进程，又可以大体分解出来自其东方（含东北方）和来自其西方（含西北方）两大系统的文化因素；同时，这些文化因素的渗入随时间的推移各自出现过高潮。这也正是大的阶段划分的依据所在。应当指出的是，这些外来文化因素的先后渗入虽然可以作为阶段性演进即期别划分的重要依据，但却未能从根本上改变该区域大的文化传统，即源自王湾三期文化的中原土著文化的特性。

继大汶口文化晚期之后，又一次显著的东方文化因素的渗入出现于"新砦期"伊始，与此同时，二里头文化的若干要素也开始萌生。而西方文化因素的大幅度渗入，则是二里头文化进入其成熟期——第二期的重要契机之一。如果说作为二里头文化前身的王湾三期文化，尤其是"新砦文化"（含"新砦期遗存"与"一期遗存"）与东方文化有着不解之缘，从而使二里头文化有着与生俱来的东方"血统"的话，那么二里头文化二期开始的势头强劲的"华西化"倾向，以及随之而来的东西方因素的碰撞与融合，才最终导致一个雄踞中原、特色独具、高度发展的核心文化的出现。

由"新砦文化"遗存的时空分布可以看出，这一人们共同体的活动重心有由嵩山东南的颍汝地区转移至嵩山西北的伊洛地区的迹象。这一举措拓展了其活动空间，尤其便利了其对西方文化因素的吸纳和东西方文化因素的全面融合。从这个意义上讲，"新砦文化"是二里头文化的必要准备或前奏，如果一定要用"二分法"来划定龙山文化和二里头文化两大范畴的话，"新砦文化"应可以纳

入广义的二里头文化系统中。

关于广义的东方文化因素，已有学者述及造律台文化、后冈二期文化乃至海岱地区大汶口—龙山文化对二里头文化的积极影响（就陶器而言，如三足皿、平底盆、各类高三角足鼎、高领壶、甗、盆形甑等，以及流行素面的装饰风格）；广义的西方文化因素，则涉及晋西南乃至陕甘地区古文化与二里头文化二里头类型的关联（如花边罐、侈口罐、单耳小罐、大口瓮、鬲等器形，以及绳纹为主的装饰风格）。"新砦文化"和二里头文化所见成套的以酒（礼）器为中心的陶器、铜器、玉器等高层次遗存，有不少在当地找不到明确的源头，而多可溯源于东方文化。总体上看，"新砦文化"陶器群陶色深重，制器上盛行拐折、子母口和平底作风，装饰风格上以篮纹和素面为主；二里头文化二期以后则呈现出圆钝的制器作风，流行圜底器，绳纹成为主流装饰。可以说，继续承袭当地龙山文化的传统，文化交流以吸纳大量的东方文化因素为主，构成了"新砦文化"的特征。这与自二里头文化二期以来由于西方文化因素的大量渗入以及东西方文化的真正融合而形成的典型的二里头文化的面貌形成较为鲜明的对比。

应当指出的是，二里头文化中的外来文化元素大多不是简单的"拿来"或模仿，许多器类都经过了相当程度的改造，"一器多因素"的现象也不鲜见。这也是我们更倾向于用"渗入"来形容这种文化交流的原因之所在。文化因素的多源性和文化面貌的芜杂性，构成了二里头文化主要融华东华西文化为一体的"复合文化"的特色。同时，高层次遗存的"华东化"与日常用器的"华西化"也是探索二里头文化构成时一个值得注意的现象。

五、关于文化演进过程中"局部突变"的假说

包含"新砦期遗存"与"一期遗存"的"新砦文化"的分布范围较小，文化面貌独特，相对于其周围广大地域内的龙山时代诸文化具有"异质性"，属于龙山时代末期文化低潮中的一种局部突变。那些不存在这类遗存的区域或地点，其考古学文化面貌势必延续龙山文化的传统，因而往往顺理成章地被判定属龙山文化范畴。在测年技术尚欠成熟和普及的情况下，我们无法确知它的绝对年代（如果其数据较一般认为的龙山文化偏晚，我们往往会认为是测定上的误差）。在惯常的单线进化的思维定式中，它往往被认为早于"新砦文化"。一个容易理解的事实是，从一个时代向另一个时代转进，尤其是处于社会复杂化进程中的从龙山时代向二里头时代的转进，绝不会"一刀切"似地在各地同时发生。用"突出于龙山文化海平面，且被龙山文化的海洋包围着的岛屿群"（发生局部突变的遗址未必从一开始就连成一片，其间或许还存在着文化面貌上略显滞后的遗址）来形容先行一步的"新砦文化"的存在状况可能更为贴切（图1）。"新砦文化"是由龙山时代最先迈入二里头时代的先导文化。实际上，历史文化发展的不平衡现象在人类历史长河中应是具有普遍性的存在。以往的碳素测年数据中，有相当数量的龙山文化晚期标本的绝对年代进入二里头文化时期，我们往往简单地认为其不甚可靠，现在看来，对这一问题有重新思考的必要。

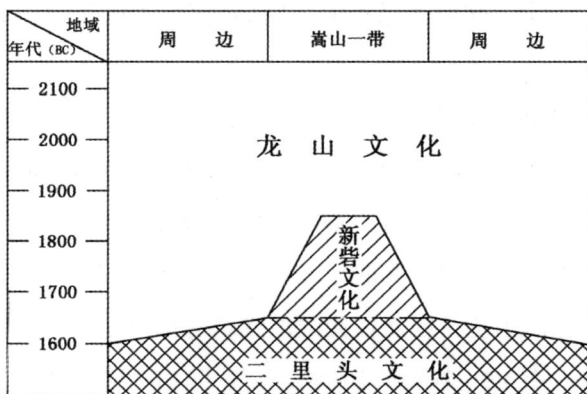

图1　龙山文化至二里头文化演进时空关系示意

在考古学文化谱系的研究中，我们提倡一种动态解读的方法。提倡注重文化的发展演进过程，注重随着时间推移某一文化共同体在空间分布上的变化，以及相关文化共同体的互动关系。当然，由于种种限制，我们无法彻底究明其演进的细节，但突破既有的思维定式，考虑到多种可能性，以复杂的思维探究复杂的历史过程，应是最大限度地迫近历史真实的必由之路。

（韩国河、张松林主编：《中原地区文明化进程学术研讨会文集》，科学出版社，2006年）

二里头文化聚落动态扫描

二里头文化是古代中国乃至东亚大陆最早出现的核心文化，在中国文明由多元走向一体的演进过程中占有着重要的位置。对二里头文化聚落形态的研究，是究明其社会结构的重要一环。

但依现有的考古学材料，尚不足以使我们清晰地把握二里头文化期的聚落间关系。在已发现的400余处二里头文化遗址中，经过发掘的仅数十处。用仅经地面踏查的遗址材料去复原当时的聚落状况是危险的。遗址并不等于实际存在过的聚落，面积较大的遗址也不等于中心性聚落。这是聚落形态研究中必须加以充分重视的。

由于材料的限制，本文将讨论范围限于与二里头文化分布范围内的聚落间关系相关的若干问题。

一、二里头文化的时空界定

自20世纪80年代以来，"二里头文化的存在时间约当公元前1900年～前1500年，前后延续约400年"的认识深入人心，成为学界的共识。"夏商周断代工程"结题报告给出的年代（公元前1880

年～公元前1520年）也与此大体相近①。但据最新的系列碳素测年结果，一般认为介于中原龙山文化与二里头文化之间的"新砦期"遗存的年代约为公元前1830年～公元前1680年②；二里头文化一至四期的年代约为公元前1750年～公元前1530年，存在时间仅200余年③。所谓"新砦期"遗存与二里头文化初期阶段在时间上有一定的交叉；与以前的测年结论相比，二里头文化的绝对年代整体偏晚、跨度缩短。这些新的测年结果，在多年来执着于夏文化探索和夏商分界之争的中国考古学界引起了不小的反响，其程度甚至可以用震动来形容。无论认可与否，每一位研究早期文明的学者都不得不认真对待这些结论。

就中国考古学的传统而言，对考古学文化的界定尽管在理论上包含对各类遗存的分析，但在实际操作中主要还是以日用陶器尤其是炊器作为最重要的指标。对二里头文化的指认也不例外。一般认为，二里头文化的最主要的地方类型是东下冯类型④。众所周知，二里头文化以深腹罐、圆腹罐、罐形鼎为主要炊器，而以山西夏县东下冯为代表的文化遗存的主要炊器组合则为鬲、甗、斝等。鉴于这种情况，有学者指出东下冯一类遗存与二里头文化的炊器"不仅泾渭分明，而且均渊源有自"，与其归入二里头文化，不如"将其视为源于三里桥文化发展出来而接受了二里头文化巨大影响的一支考

① 夏商周断代工程专家组：《夏商周断代工程1996—2000年阶段成果报告·简本》，世界图书出版公司，2000年。
② 赵春青：《关于新砦期与二里头一期的若干问题》，《二里头遗址与二里头文化研究》，科学出版社，2006年。
③ 张雪莲、仇士华等：《新砦－二里头－二里冈文化考古年代序列的建立与完善》，《考古》2007年第8期。
④ 邹衡：《试论夏文化》，《夏商周考古学论文集》，文物出版社，1980年。

古学文化"①。在不改变既有界定指标的前提下，东下冯一类遗存由于炊器群的显著差异而显然不应被划归二里头文化②。

"二里头文化东下冯类型"的概念提出之初，它也被称为"东下冯型夏文化"③。从该用语的字面意义，可以窥见这一文化界定的研究史背景。对考古学文化归属的判定与对其所属人群的族属推断似有一定的关联。

因此，本文所讨论的二里头文化的空间分布，即大体上以河南省中西部的郑州、洛阳地区为中心，向西达于陕西关中东部，南及豫鄂交界地带，东至豫东开封地区，北抵沁河与中条山以南的垣曲盆地一带。这一范围大致相当于邹衡划定的二里头文化二里头类型④。后来一些学者划分的其他地方类型，一般仅是在二里头文化的共性下，显现出若干当地土著文化传统或同期相邻文化因素的影响，且出土材料尚少，不足以窥其全貌。鉴于此，这里暂不做类型的划分。

---

① 张忠培、杨晶：《客省庄与三里桥文化的单把鬲及其相关问题》，《宿白先生八秩华诞纪念文集》，文物出版社，2002年。

② 郑杰祥：《夏史初探》，中州古籍出版社，1988年。张忠培、杨晶：《客省庄与三里桥文化的单把鬲及其相关问题》，《宿白先生八秩华诞纪念文集》，文物出版社，2002年。

③ 邹衡：《试论夏文化》，《夏商周考古学论文集》，文物出版社，1980年。

④ 邹衡：《试论夏文化》，《夏商周考古学论文集》，文物出版社，1980年。

二、二里头文化期聚落间关系及其演变

在中国早期文明形成的过程中，龙山时代和二里头时代[①]是至关重要的两个大的历史时期。群雄竞起的龙山时代末期，曾经光灿一时的各区域文化先后走向衰败或停滞，与其后高度繁荣的二里头文化形成了较为强烈的反差。我们称其为中国早期文明"连续"发展过程中的"断裂"现象[②]。我们注意到，这一"断裂"现象在中原腹地的嵩山周围虽也存在但不甚明显，二里头文化恰恰是在这一地区孕育发展，最后以全新的面貌横空出世，成为中国乃至东亚历史上最早出现的核心文化的。这一演进过程无疑是解开二里头文化崛起之谜的一把钥匙，但其中的许多细节我们仍未能全面地把握。

从判定考古学文化最重要的指标陶器上看，具有二里头文化特色的陶器群形成于二里头文化第二期[③]。作为东亚历史上最早的核心文化，在文化因素上取大范围吸收、大规模辐射之势的二里头文化，也是始于二里头文化第二期的[④]。

在这一区域，早于二里头文化，可能是其前身之一的一种先行

---

① 严文明：《龙山文化和龙山时代》，《文物》1981年第6期。许宏：《略论二里头时代》，见本书。

② 许宏：《"连续"中的"断裂"——关于中国文明与早期国家形成过程的思考》，《文物》2001年第2期。

③ 德留大辅：《二里頭文化二里頭型の地域間交流—初期王朝形成過程の諸問題から—》，《中国考古学》第四号，日本中国考古学会，2004年。

④ 许宏：《"连续"中的"断裂"——关于中国文明与早期国家形成过程的思考》，《文物》2001年第2期。许宏：《嵩山南北龙山文化至二里头文化演进过程管窥》，见本书。

文化，我们称之为"新砦文化"①。这类遗存包括以前所谓的"新砦期"遗存和"二里头一期"遗存，二者在年代上应有一段时间共存，分布中心分别为嵩山东南麓的郑州地区和嵩山以北的洛阳盆地。尽管其内部在时空两个方面可能还有文化发展上的不平衡现象，但继续承袭当地龙山文化的传统，文化交流以吸纳大量的东方（含东北方）文化因素为主，构成了"新砦文化"的主体特征。这与二里头文化二期以后由于西方（含西北方）文化因素的大量渗入以及东西方文化的真正融合而形成的典型的二里头文化的面貌形成较为鲜明的对比②。这一时期的聚落群的分布地域基本上限于嵩山周围，且在区域聚落分布上尚看不出一体化的态势。

属于新砦期的大型聚落如新密新砦、巩义花地嘴遗址出土的铜容器、玉璋及器物上的龙纹图案等为探索二里头铜玉礼器及装饰主题的来源提供了有益的线索，但它们与二里头文化同类遗存之间还有尚待填补的时间空白。因地制宜的环壕聚落、浅穴式大型建筑，也与后来二里头都邑布局的规划性和高台式的建筑风格有异。因此，从"新砦文化"到二里头二期以后的典型二里头文化，其社会形态应有一个飞跃性的发展。一般认为，王朝的诞生应当是对这一现象最合理的解释。二里头文化二期以前的时期，或可称为王朝形成的过渡期或摇篮期③。

---

① 杜金鹏：《新砦文化与二里头文化——夏文化再探讨随笔》，《三代考古》（一），科学出版社，2004年。许宏：《"新砦文化"研究历程述评》，《三代考古》（二），科学出版社，2006年。
② 许宏：《嵩山南北龙山文化至二里头文化演进过程管窥》，见本书。
③ 西江清高：《先史时代から初期王朝时代》，《中国史1—先史～后汉—》，山川出版社（东京），2003年。

　　二里头文化一期时，洛阳盆地东部的二里头已出现超大型聚落或聚落群（面积达100万平方米以上）。因遗迹遭破坏严重，对这一时期具体的聚落状况还知之甚少。但可以肯定的是，其已显现出不同于同时期一般聚落的规模和分布密度，遗存中已有青铜工具、象牙器、绿松石器、白陶器等规格较高的器物和刻划符号发现。这里似乎发展成伊洛地区乃至更大区域的中心。从聚落时空演变的角度看，作为二里头文化中心聚落的二里头在伊洛平原的出现具有突发性，而没有源自当地的聚落发展的基础[1]。如此迅速的人口集中只能解释为来自周边地区的人口迁徙[2]。

　　二里头都邑在二里头文化二期进入了全面兴盛的阶段。遗址总面积达到300万平方米以上，遗址东南部的微高地成为宫殿区。这种繁荣的状况一直持续至二里头文化最末期即第四期末。目前，我们已可以根据已知的材料粗略地勾画出遗址兴盛期的布局和总体结构。整个遗址由中心区和一般居住活动区两大部分组成。

　　遗址中心区位于东南部至中部的微高地上，由宫殿区、围垣作坊区、祭祀活动区和若干贵族聚居区组成。宫殿区的面积不小于12万平方米，其外围有垂直相交、略呈井字形的大道，显现出方正规矩的布局。这是迄今为止在考古学上确认的中国最早的城市道路网，它展现了二里头都邑极强的规划性。新发现的宫城始建于二里头文化第三期，平面略呈纵长方形，总面积达10.8万平方米。宫殿区内已发掘的大型建筑基址达10余座，分别始建于二里头文化第二期至第四期的各个时期。已确认第三、四期的多座单体宫室建筑纵

---

① 许宏：《"连续"中的"断裂"——关于中国文明与早期国家形成过程的思考》，《文物》2001年第2期。

② 许宏、刘莉：《关于二里头遗址的省思》，见本书。

向排列，形成明确的中轴线。贵族聚居区位于宫城周围。中小型夯土建筑基址和出有铜玉礼器的贵族墓葬主要发现于这些区域。其中宫城东北和宫城以北，是贵族墓葬最为集中的两个区域。绿松石器制造作坊和铸铜作坊都位于宫殿区以南，目前已发现了可能把它们圈围起来的夯土墙。这一带有围墙的作坊区应是二里头都邑的官营手工业区。祭祀活动区位于宫殿区以北和西北一带。这一带集中分布着一些与宗教祭祀有关的建筑、墓葬和其他遗迹，东西连绵约二三百米。

一般居住活动区位于遗址西部和北部区域。常见小型地面式和半地穴式房基以及随葬品以陶器为主的小型墓葬。

随着二里头大型都邑的出现，在其所处的洛阳盆地的中心地带出现了不少新的聚落，以二里头遗址为中心，较大型的遗址相隔一定的距离均匀分布，总体呈现出大的网状结构[1]。我们近年对以二里头遗址为中心的洛阳盆地进行系统区域调查的结果，也可见这样的趋势。其中面积达60万平方米的巩义稍柴遗址地处洛阳盆地东向与外界交往的交通要道之所在，除了作为次级中心外，应该还具有资源中转、拱卫首都等重要功能。

再向外，出有铜、陶酒（礼）器的20多处遗址（面积多在10万平方米～30万平方米）主要集中于嵩山周围的郑洛、颍汝区至三门峡一带，都是所在小流域或盆地内的大中型聚落，应属中原王朝畿内地域各区域的中心性聚落，它们的分布可能与以二里头王都为中

---

① 大贯静夫：《〈中国文物地图集·河南分册〉を読む——嵩山をめぐる遺跡群の動態》，《住の考古学》，同成社（東京），1997年。

心的中原王朝的政治势力范围大致重合[①]。大师姑城址，则可能是二里头都邑设置在东境的军事重镇或方国之都[②]。

自二里头文化第二期始，二里头文化向北越过黄河，向东、西方向也有所推进，而向南推进的力度最大。但上述区域少见出有陶礼器的聚落。外围的若干具有较多二里头文化因素的聚落，可能是二里头王朝为获取青铜合金和盐等重要资源所设立的战略据点[③]。

其外围的晋南（应属东下冯文化）、豫北（应属下七垣文化等）、豫东（应属岳石文化）等地乃至更远的区域，也出有零星的陶礼器，但日用陶器群应已不属于典型的二里头文化系统。以商州东龙山遗址为代表的陕东丹江上游地区的文化面貌尚不甚清晰，有待于进一步的工作和发掘材料的系统发表。

如果说中原龙山文化系统的诸考古学文化类型与该区域各地理单元的分布基本相符，呈现出自然分布的状态；那么二里头文化的分布范围则已突破了地理单元的制约，而在空间上涵盖了数个先行文化的分布区域[④]。二里头文化几乎分布于整个黄河中游地区，二里头文化的文化因素向四围辐射的范围更大于此。

---

① 西江清高：《地域間関系からみた中原王朝の成り立ち》，《国家形成の比較研究》，学生社（東京），2005年。
② 郑州市文物考古研究所：《郑州大师姑（2002~2003）》，科学出版社，2004年。
③ 刘莉、陈星灿：《中国早期国家的形成——从二里头和二里岗时期的中心和边缘之间的关系谈起》，《古代文明》第1卷，文物出版社，2002年。
④ 董琦：《虞夏时期的中原》，科学出版社，2000年。

三、二里头文化末期的聚落动态

关于二里头文化与二里岗文化的年代关系，我们倾向于认为二里头四期晚段与二里岗下层早段大体同时[①]。

进入二里头文化第四期，郑洛地区的聚落格局发生了极大的变化。

这一阶段，二里头都邑持续繁荣。所有建于第三期的宫室建筑与宫城，绿松石器作坊、铸铜作坊及其外的围垣设施，以及四条垂直相交的大路都沿用至此期末，均未见遭遇毁灭性破坏的迹象。此外，至少有3座新建筑得以兴建。需要提及的是，著名的1号宫殿基址也并不像以前认为的那样废弃于三期末，而是与其他重要遗存一样，在第四期一直存在[②]。此期，这里仍集中着大量的人口，存在着贵族群体和服务于贵族的手工业。值得注意的是，从此期起，二里头都邑的铸铜作坊开始铸造斝、鼎等以非二里头系统陶礼器为原型的铜礼器，这与前此以爵、盉等陶礼器为原型的铜礼器铸造规制有显著的区别。有学者进而认为出现铜鼎和铜斝的二里头文化第四期"应属于二里岗下层的最早期阶段"，此期铸铜技术上一个显著的变化是，铸造铜容器的复合范由双范变为三范[③]。

与此同时，郑州商城宫殿区一带出现了大型聚落〔仅据《郑州商城》报告披露的地点统计，这一聚落（或聚落群）的面积即可达80万平方米〕。这里发现了长100余米，宽约8米的大型夯土遗迹，发掘者认为其应为城墙的夯土墙基。从其存在基槽这一特点看，与

[①] 许宏、陈国梁等：《二里头遗址聚落形态的初步考察》，见本书。
[②] 许宏：《二里头1号宫殿基址使用年代刍议》，见本书。
[③] 宫本一夫：《二里头文化青铜彝器的演变及意义》，《二里头遗址与二里头文化研究》，科学出版社，2006年。

郑州商城城墙平地起建的建筑风格有异，因此不排除其为大型建筑的可能性。无论如何，在相当于二里头文化第四期的阶段，郑州一带新出现了存在大型夯土建筑工程的庞大聚落，这在区域聚落布局上是一个值得予以充分注意的迹象。在这一聚落内，还发现了出土铜玉礼器的墓葬。此期偏晚阶段，开始兴建郑州商城的城墙；但铸铜作坊尚未投入使用。

在二里头和郑州之间的郑洛区，聚落兴废的变化也令人瞩目。前述大师姑城址废毁于此期。偃师商城宫殿区和小城开始兴建。荥阳西史村、高村寺，新郑望京楼等遗址也发现了二里头风格的青铜礼器。

青铜礼器组合中新器类的出现，以及青铜礼器从仅为二里头都邑内的贵族使用到见于二里头以外的聚落，反映了这一时期社会结构的重大变化。

在这一时期的陶器组合上，以二里头文化系统为主体，同时融进了下七垣文化、岳石文化等外来因素。这一出现于郑洛地区的新的考古学文化变体或可称为二里头文化"洛达庙类型"[1]，有学者称其为"伊洛·郑州系"[2]。它奠定了日后二里岗文化发展的基础。

作为早期王朝初期阶段的二里头时代与二里岗时代，统治者对青铜礼器铸造权保持着绝对的垄断。这种重要礼器生产上的排他性，可以作为判别核心都邑的决定性标志。随着下一阶段铸造青铜礼器的作坊由二里头迁至郑州南关外，二里头都邑沦为一般聚落，二里头时代也就正式为二里岗时代所取代。如果把视野下延至殷墟

[1] 袁广阔：《先商文化新探》，《中原文物》2002年第2期。
[2] 秦小丽：《二里頭時代の土器動態とその背景——中国初期国家形成過程における地域間関系の分析》，《東方学》（京都）第106輯，2003年。

时代，可知二里头文化向二里岗文化、二里岗文化向殷墟文化演进的契机，就是这一大的历史发展阶段中王朝的主都由二里头、至郑州商城再向安阳殷墟的迁徙[①]。可以说，都邑的迁移是导致社会复杂化阶段考古学文化演变的重要因素。

（北京大学震旦古代文明研究中心等编：《早期夏文化与先商文化研究论文集》，科学出版社，2012年）

[①] 许宏：《都邑变迁与商代考古学的阶段划分》，《二十一世纪的中国考古学》，文物出版社，2006年。

二里头文化时期人地关系研究的考古学检讨

加强多学科合作，将自然科学的方法及其成果更多地运用于学科研究，是新世纪考古学的一个发展方向。这已成为学界的共识。20世纪90年代以来，多学科参与考古遗存研究已蔚然成风。一些考古报告也已开始摆脱考古正文加自然科学鉴定附录的模式，尝试进行综合研究，大大提升了考古学研究对象的信息含量。在充分肯定这一大的学科发展方向的前提下，已有学者冷静地意识到"令人欣喜的同时，也出现了一些值得注意的问题"①；指出"现在多学科的合作已经成为田野考古工作和整个考古学研究的一种潮流，但在具体合作中也还存在不少问题，应该认真研究加以解决"②。

最近，有若干与二里头文化相关的考古报告、环境信息报告和研究论著问世，提供了一批关于当时人地关系的宝贵材料和研究成果。其中《洛阳皂角树》，是又一部尝试进行多学科综合研究的考古报告。报告正式出版前，已有关于在该遗址上进行环境考古研究

① 张忠培：《关于中国文明起源与形成研究的几个问题》，《中原文物》2002年第5期。
② 严文明：《序》，《洛阳皂角树：1992~1993年洛阳皂角树二里头文化聚落遗址发掘报告》，科学出版社，2002年。

的成果问世①，令人瞩目。其中最大的亮点，是地质地层与考古学文化层的对比研究。该遗址地处中原腹地的伊、洛河流域，文化遗存的主体内涵属于二里头文化，与华夏文明的形成密切相关，因而更加引起学界关注。此次报告中全面刊布了有关材料，可使读者对相关问题有全面的了解。笔者加以研习，感到参与合作研究的诸学科在相关理论与方法的理解和整合层面上还存在着一定的问题，而这又直接关涉到研究结论的得出，因而值得重视。本文即拟以该报告有关二里头文化时期人地关系的研究为例，结合其他的考古与环境信息材料，对相关问题作粗浅的讨论。

一、地质地层与文化层的概念及其关系

确认地质地层与考古学文化层之间的关系，是进行古人类与古环境关系研究的基础性工作。将二者联系起来考察，无疑对推进第四纪和人类文化发展史的研究都具有重要的意义。

考古学文化层与地质地层是两个不同范畴的概念，具有并列关系和排他性。这是学界所普遍认可的。其差别在于，"前者是人类活动造成的，而后者是自然力量形成的"②。二者泾渭分明，非此即彼，中国考古学界以熟土和生土（"没有人类活动的单纯自然形成

---

① 叶万松、周昆叔等：《皂角树遗址古环境与古文化的初步研究》，《环境考古研究》（第二辑），科学出版社，2000年。
② 严文明：《考古遗址发掘中的地层学研究》，《考古学研究（二）》，北京大学出版社，1994年。

的土"①）界定这两大范畴，标志即在于是否存在人类活动的遗存。

报告介绍了遗址北侧长100余米的大断崖上的"一处进行考古学文化层与地质地层关系研究的理想剖面"，"它记录了晚更新世晚期与全新世的地质历史，尤其令人高兴的是清楚地看到二里头文化层镶嵌在褐红色顶层埋藏土上部，东周与汉文化层含在褐色顶层埋藏土之中，唐墓出在新近黄土层中"②。

从上述表述中，可知报告也是把考古学文化层与地质地层当作各自独立的存在体的。然而，上引报告所述文化层"镶嵌"或"含"于地质地层的相互关系在报告中却了无线索。报告中另外的表述又使人有这样的理解，即考古学文化层就是地质地层。如"在遗址的中心地区……在地质地层堆积中包含着大量的文化因素……在遗址的边缘地带，在地质地层堆积中包含的文化因素较少"。据报告关于遗址中心区发掘的介绍，各探方中生土以上的地层均为文化层，并无地质地层夹杂其间。这说明前述遗址中心区"包含着大量的文化因素"的"地质地层"指的就是文化层。而包含文化因素的多寡，不应作为区分是否文化层的标志，因此可以推论，在遗址的边缘地带"包含的文化因素较少"的"地质地层"，也应为文化层。这些"文化因素"存在于"地质地层"，只能理解为人类活动所为。

这一推论还可以从对遗址边缘地带地层堆积的介绍中得到验证。

报告介绍遗址北侧大剖面"自下而上清晰暴露出晚更新世的马兰黄土、全新世周原黄土的深褐红色顶层埋藏土、褐色顶层埋藏

---

① 严文明：《考古遗址发掘中的地层学研究》，《考古学研究（二）》，北京大学出版社，1994年。

② 依报告，唐墓为新近黄土所叠压，已不在本文讨论的范围内。

土、新近黄土以及现代耕土"。同时，除作为生土的深褐红色顶层埋藏土下层和马兰黄土外，经在剖面南侧发掘知，各层及其间的遗迹中分别出有可确切断代的遗物。这些层位分别是：新近黄土层——唐宋时期形成的地层（第2层，发现少量唐宋时期陶片）；褐色顶层埋藏土——上层为汉代形成的地层（第3a层，出土汉代筒瓦、板瓦残片），下层为东周时期形成的地层（第3b层，发现少量东周陶片）；深褐红色顶层埋藏土上层——二里头时期形成的地层（第4层，出土少量二里头时期陶片）。可以显见，在这里耕土层和生土之间，只有文化层而不存在真正意义上的地质地层，尽管这些文化层较为贫瘠。

实际上，所谓遗址中心区与边缘地带的空间距离只有10余米之遥，从对中心区"文化地层"和边缘地带"地质地层"的介绍中可知，呈对应关系的各组地层的深度与厚度大体相等，对土质土色的描述也相同或相近，上引北侧剖面所开探方的考古学地层划分从编号到分期，更与中心区的地层堆积完全一致。从总体层位关系及分期介绍中，知整个遗址的地层堆积是统一编号的。有理由推断报告作者也认为它们是相连属的地层。因为，如果它们属于各自独立的堆积层次且二者在空间上存在相邻关系，那么一定有叠压或打破的现象①。考古学可以通过这些现象确认二者的相对早晚关系。这种相互关系的确认，只要在大剖面和中心区探方之间（最近处只有10余米的距离）开设一条探沟连通二者的剖面即可以解决问题。而发掘

———————

① 地质学者认为"文化堆积的边缘与地质沉积有接触过渡关系"（周昆叔：《环境考古初步研究》，《环境变迁研究》（第五辑），辽宁古籍出版社，1996年），大量的考古实践表明，各类文化堆积与生土之间只存在"叠压"和"打破"两种方式的"接触"，而没有逐渐"过渡"的例证。

者没有这样做，应说明其是把边缘地带的"地质地层"和中心区的"文化地层"一体看待的，这当然也就不存在需要了解叠压或打破等双边关系的问题。鉴于此，可以认为在皂角树遗址发现的耕土层至生土之间的地层均为文化层，而未发现典型的地质地层，因而二者之间的对比关系也就无从谈起了。

二、地质地层和文化层的成因与特质

地质地层与文化层在成因上存在着重大差异。这些差异主要表现在以下两个方面。

（一）形成时间

由于作为地质地层的全新世黄土属于自然沉积而成，因而相对于文化层而言，其形成时间在一般情况下相当漫长。在土质土色无明显变化的情况下，某一层的内部由下而上存在着时代上的不同。这是容易理解的。文化层的成因复杂多样，但在绝大多数情况下，某一文化层一般是人类一次性活动的产物。土质土色与包含物相同的某一地层单位（含小层、亚层）都具有不可再分（不超出考古学上一期的幅度）的特点，层内偏上和偏下部分所出遗物不具有分期意义，无早晚差别。地层的时代只能依据层内出土的最晚的遗物来断定[①]。这是考古地层学的一个最基本的原则。每一层只代表时间上的一个点，而不是一个很长的时间段。在考古实践中，尚未发现在

---

① 俞伟超：《关于"考古地层学"问题》，《考古学文化论集（一）》，文物出版社，1987年。

同一地层单位中不同深度的堆积可区分出时代差别的例证。

也正是由于文化层的这种不可再分性，考古地层学理论中没有"含于×层中"的概念。"把一些遗迹或墓葬说成是包在某层之中的提法，等于说这种遗迹或墓葬会穿透土层而形成或是悬空存在。这只能是考古地层学的理论上的混乱，实际工作中的错误"①。如某一文化层"含于"某一大的地质地层中，实际上可以以该文化层为标尺，将叠压于其上的和为其所叠压的（地质学上称为"上覆"和"下伏"）的地质地层区分为该大层中具有早晚关系的亚层。这应是考古学对于地质学的一项贡献。

（二）"打破"与"叠压"

因自然营力形成的地质地层的相互关系主要是叠压，且在多数情况下分布均匀。然而就考古地层学而言，相互重叠的文化层间的关系，尽管我们习惯上用"叠压"来表述，但在绝大多数情况下，偏晚的地层对于偏早的地层往往是"打破"而非"叠压"（后者仅见于两层交界处还保存有早期活动面的场合，而这种情况是极为少见的）。每一文化层都是在不同程度地扰动破坏前代堆积的基础上形成的，因此，有着主观能动性的人类的活动遗存，也就具有芜杂的特点，而且越是偏上的晚近地层扰动的频率越高，质地越杂。这是在进行相关研究中应当充分意识到的问题。

正是由于这种"打破"性的特点，偏晚的文化层中又往往会包含一些早期遗物，这实际上是偏晚的文化层扰乱、打破偏早的文化

---

① 俞伟超：《关于"考古地层学"问题》，《考古学文化论集（一）》，文物出版社，1987年。

层和遗迹，使后者的土成为前者的组成部分。"对一般常见的文化层来说，抛弃的遗物和用土来源的变化，应当是形成不同层次的土色、土质差别的基础"[①]。文化层中用土的来源，都是早于该层的堆积，而最常见的建筑用土又往往要取地表及文化层以下的"净土"即当时的生土，这种土本身的时代往往远远早于它后来所在的文化层和遗迹的时代。

对上述差异的认识，是我们讨论相关问题的前提所在。

三、对若干环境信息分析结论的检讨

据报告，黄土沉积和古植被环境信息的取样地点，均在遗址西北角的黄土剖面上。如前所论，这一带耕土至生土（深褐红色顶层埋藏土下层）间的地层都属文化层，因此，深度约1.30米以上部分的取样，都是在文化层中进行的。这些文化堆积具有上述考古学地层所应有的特质，如将其与一般的地质地层同样对待，加以采样分析，最终得出的结论是否符合实际情况就值得探究了。

在这一剖面上对各地层的采样，均由上至下每5厘米或10厘米等距采取。磁化率测定、化学分析、孢子花粉分析、硅酸体分析等均给出了详尽的图表，依采样深度展示出全新世以来各个项目随时间推移所发生的变化情况。仅摘录与二里头文化有关的一些分析结果。

关于磁化率测定，作者指出"在二里头文化层前期，磁化率在经过一个强磁化率形成的磁化率曲线最高峰后，到剖面深度1.25米时

---

① 俞伟超：《关于"考古地层学"问题》，《考古学文化论集（一）》，文物出版社，1987年。

降到低点，此后磁化率逐渐增强，而二里头文化正值该期形成"。而"磁化率高，土壤化程度高，气候暖湿"。

关于孢子花粉分析，作者指出"在剖面深1.10米～1.30米是二里头文化层分布的层段，此段底部松花粉分布的峰值和1.18米处蒿曲线的突然下降，或许反映了距今4000年左右环境恶化事件"。

关于硅酸体分析，作者指出"皂角树二里头文化层前期，即深1.18米层段，约距今4000年年平均降水曲线有一个明显的下降谷，大致年均降水近似现代这里600毫米或略多，但年气温比现今低约1℃。此后，至深约1.08米层段，即与皂角树二里头文化层相当的地层，年降水和平均气温曲线均上升，年降水可近1000毫米……年均气温可达到约16℃多"。

从对时间的把握上看，各项目分析的前提，都是将某一地层当作一个连续发展的时间段。如"二里头文化层分布的层段"就被认为是纵贯二里头文化时期的沉积地层，等距采样中偏下的相当于"二里头文化层前期"，偏上的相当于后期。而由上述讨论可知，文化层所代表的时间极为短暂，层内不同深度的堆积并无分期意义。皂角树遗址二里头文化层的情况也不例外，它代表的也只是二里头文化时期的某一小段而非全部。

这种情况可由考古学层位关系得到旁证。从采样所在的大剖面上看，二里头文化时期的文化层（第4层）还叠压着3个二里头文化时期的灰坑。遗憾的是报告中除出土于两个灰坑的几片陶器残片的线图外，未给出任何文字介绍和图版，从器物特征上看，陶片的时代有早有晚，偏晚的属二里头文化晚期。因此，晚于3个灰坑的该层至多是二里头文化时期偏晚阶段的遗存。另外，如前所述，遗址中心区距其仅10余米之遥，探方中普遍存在的二里头文化时期的地层

（第4层），大量叠压属遗址第三期甚至第四期（分别相当于二里头文化第四期及更晚阶段[①]）的灰坑等遗迹；"遗址文化分期表"更明确地将第4层归入遗址第四期。如前所述，整个遗址的发掘统一了地层，大剖面上的二里头时期层与遗址中心区探方内的同时期文化层应属于一层，如是，则大剖面上二里头时期层的时代只能限定于二里头文化四期偏晚甚至更晚阶段这一狭小的时间范围内。

鉴此，该层内不同深度的样品数据，能否反映出整个二里头文化时期环境的变化过程，就是显而易见的事了。

同时，由于前述文化遗存"打破"而非"叠压"状况的普遍性，对生土的打破也使得最早的文化遗存与毗邻的下部生土之间往往有相当的时间距离，目前的生土层面并不一定就是原始的地面，因而它与其上的文化遗存也并非全是前后相继的层累关系。如在二里头遗址所进行的环境信息考察中，被推定为属河南龙山文化末期的样品，是"因所采集样品的地层位置紧连着叠压其上的二里头一期地层的下部，推测其绝对年代约4000±200Abp"[②]，恐怕就是很危险的。作者应已意识到这一问题，因而特于文中加以说明，指出"本层年代是根据地层关系推测的，所以其所代表的环境信息仅供参考"，不失为一种审慎的态度。皂角树遗址二里头文化下压生土（深褐红色顶层埋藏土）的年代，也应当如此看待。

值得注意的是，某一文化层的形成与因扰动而成为该地层的

---

① 报告中认为皂角树遗址第四期，相当于"二里头五期"，对于后者，学界一般认为已不属二里头文化的范畴，而应属二里岗文化。

② 宋豫秦、郑光等：《河南偃师市二里头遗址的环境信息》，《考古》2002年第12期。

组成部分的地质堆积（土）的形成是两个不同的概念。前者的契机是当时人类的活动（扰动后者，混进遗物），而后者系自然沉积而成，二者的形成时间有早晚之别。皂角树遗址二里头文化时期的地层叠压在深褐红色顶层埋藏土之上，只能说明后者的时代不晚于二里头文化时期；被前者打破和扰动而成为二里头文化层的组成部分的深褐红色顶层埋藏土（报告称为这种土的上层），其本身作为地质沉积的形成时间一定是早于二里头文化时期的。有报道说，这种作为地质地层分布广泛的深褐红色顶层埋藏土，在陕西渭南北刘遗址"上覆庙底沟文化层"[①]，我们近年在二里头遗址东部边缘地带的发掘中，也发现了仰韶文化晚期的灰坑打破该地质地层的层位关系。在皂角树遗址，二里头文化时期的人们扰动了该地层的上部，从而形成了二里头文化层。

由是我们很容易理解，在这样的地层中采取的土样所包含的信息，其所代表的时代就绝非单纯的人类扰动时期即文化层形成的年代，它往往也包含着早于它的文化层以及其中作为地质沉积的"土"形成时期的环境信息。已有学者认识到，在环境信息和人地关系研究中，人类活动所导致的文化层的芜杂性是必须认真对待的一个问题。"由于古遗址中的沉积物和各类文化遗存都是人类活动的结果，其中的一些环境信息不能真实地反映自然环境变化的事实，在进行分析时要加以区别"[②]。孢子花粉的鉴定和分析在其中最具典型性。有学者指出，"中国古代遗存的堆积，通常是在晚期破

---

① 周昆叔：《周原黄土及其与文化层的关系》，《第四纪研究》1995年第2期；《环境考古初步研究》，《环境变迁研究》（第五辑），辽宁古籍出版社，1996年。
② 栾丰实、方辉等：《考古学理论·方法·技术》，文物出版社，2002年。

坏早期遗存堆积的基础上，而后建成新的居住址或形成生活垃圾，所以一层层的含着花粉孢子的早期堆积，乃至生土的堆积，就被带进晚期的层位中来"，加之孢粉的飘移性等因素，"因此，任何一古代文化层位中取出的花粉孢子，都不能认为肯定就是其时，尤其是其地的花粉孢子"[①]。在文化遗存中采样进行诸如磁化率测定、土壤化学分析、硅酸体分析等各类环境信息的研究时，都应考虑到这方面的因素。

就具体的环境研究结论看，皂角树报告综合各项分析推定"二里头时期的人们是生活在较暖湿的亚热带北缘自然环境下，恰值前期（夏初）降温至后期（商）升温的环境改善阶段中"，"年均气温16℃左右和年降水约1000毫米，夏季较今长的湿润的自然环境中"。这与前引二里头遗址孢粉分析的结果有不小的差异。该研究报告称，"河南龙山文化末期至二里头文化四期……正处于全新世大暖期高峰期过后，气候逐步由温暖湿润型朝着干冷型变化，夏代前期的自然气候条件好于后期"。具体说来，约二里头文化一期时，"为温凉湿润气候"，后期"气候温凉较干"。"从二里头文化二期到二里头文化三期，气候干旱程度不断加深并形成稀树草原植被。二里头文化四期干旱程度有所减缓……气候温凉较湿"[②]。那么上述哪一种结论更为切合实际呢？

我们可以用考古发掘结果来旁证上述环境信息研究的结论。

---

① 张忠培：《关于中国文明起源与形成研究的几个问题》，《中原文物》2002年第5期。

② 宋豫秦、郑光等：《河南偃师市二里头遗址的环境信息》，《考古》2002年第12期。

在二里头遗址2001～2002年宫殿区的发掘中，属于二里头文化二、三期的多眼水井及井状遗迹的深度均在距地表9米～10米以下，大多因在现地下水位以下而难以清理到底。同时，我们对1号宫殿基址西庑外早年发掘的2眼水井进行了补充清理，结果证明两眼水井的建造年代均为二里头文化第四期，二者的深度仅有7米多。二、三期与四期间多达2米以上的水位落差，是此期从气候干旱到温凉较湿的环境变化的一个极好的例证。

如前所述，皂角树遗址的二里头文化时期的标本采样完全取自一个地层单位（第4层），前已论证该层应仅代表二里头文化最晚期极短的一小段时间。相比之下，二里头遗址的环境信息采样取自不同时期的遗存单位中，所得结论也较为具体。就气候湿润程度而言，皂角树遗址二里头文化时期总体上暖湿的情况，倒基本上与二里头遗址第四期的测定结果大体相符。这从一个侧面检验了我们对皂角树遗址取样所在地层单位年代跨度和其所处二里头文化具体时段的推论。

由上述分析可以看出，参与合作研究的各学科的学者间对研究对象的理解与解释模式尚存在一定的差异，关于人类活动时期古环境信息研究的理论与方法，实有深入探讨的必要。

随着考古学文化谱系的普遍建立，考古学研究中已可通过分析类比来区分出文化遗存内的早期遗物或不同的文化因素。对不同自然地理区域和不同考古学文化或其期别的环境信息，也应进行系统地收集和鉴定，通过比较和分析以排除异时、异地的因素，建立包括不同地域、不同时段系统的环境信息数据库。这是"应该做、值得做而又可能做的工程"[①]，是使相关研究全面科学化的必由之路。

（许倬云、张忠培主编：《新世纪的考古学——文化、区域、生态的多元互动》，紫禁城出版社，2006年）

---

① 张忠培：《关于中国文明起源与形成研究的几个问题》，《中原文物》2002年第5期。

从二里头遗址看华夏早期国家的特质

　　到目前为止，我们尚无法说清楚二里头文化是如何在纪元前第二千纪的前半叶崛起于中原的。但无论如何，作为东亚地区首次出现的强势核心文化，它的登场给人以深刻的印象。这主要体现于两个方面：一是其都邑中心的庞大化与复杂化，二是其大范围的文化辐射[①]。这二者在东亚地区都是史无前例的。鉴于此，多数学者相信中原地区至此已迈入了真正的国家阶段，尽管对于华夏国家形成的上限问题尚存争议[②]。

　　早期国家有无明确的地域界限或政治疆域，如有，能否在考古学上辨识出来，也是聚讼纷纭的问题。可以肯定的是，"早期国家社会一般表现为特有的都市聚落形态，其中城市是最重要的部分"[③]。如果可以通过聚落的层级来确认国家的存在的话，那么较低的层级在国家社会之前即已存在，而国家与前国家社会的区别应主

---

①　许宏：《略论二里头时代》，见本书。

②　中国社会科学院考古研究所、中国社会科学院古代文明研究中心：《中国文明起源研究要览》，文物出版社，2003年。

③　Colin Renfrew and Paul Bahn. 2000. *Archaeology: Theories Methods and Practice.* Thames & Hudson Ltd: London.

要在于有无金字塔的塔尖，即城市中心或曰都邑。

二里头遗址这一当时东亚地区最大的聚落所显现出的作为国家权力中心的都邑的特征，正随着新的考古发现与研究进展而被不断地认识。从以下几个侧面观察到的现象，有助于我们把握其所代表的早期国家的特质。

一、都邑的庞大化与人口的高度集中

近年的勘察结果表明，二里头遗址的现存面积约300万平方米。遗址现存范围的东、南、西缘大体接近于原始边缘，唯其北部遭到现洛河河床的切割破坏。据现有资料分析，其北缘最大可能位于现洛河河床内，估计原聚落面积应在400万平方米左右。从聚落形态的演变过程看，二里头遗址所在的洛阳盆地在史前时期一直属于人口密集分布区，但仰韶文化和龙山文化时期最大的遗址的面积仅60余万平方米，这与二里头遗址形成了鲜明的对比。有学者认为这一超大型聚落的出现本身即标志着中国早期国家的形成。

已有学者对二里头遗址二里头文化时期的人口进行了估算。如宋镇豪推测当时人口为31000人左右（遗址面积以300万平方米计）[1]；王妙发推测当时人口为22500~28000人（遗址面积以375万平方米计）[2]；王建华估算二里头时代人均占地面积为148平方米/人，可推算二里头遗址当时人口约20300人（遗址面积以300万平方

---

[1]　宋镇豪：《夏商社会生活史》，中国社会科学出版社，1994年。

[2]　王妙发：《黄河流域聚落论稿：从史前聚落到早期城市》，知识出版社，1999年。

米计）^①。

古代人口问题极为复杂，每人所持推算标准也不尽相同，有待进一步探讨。但值得注意的是，上述学者以不同的方法对二里头遗址当时人口数所作推算，并无太大的差异。如是，则二里头都邑当时的人口至少应在20000人以上。

人口如此高度集中于中心聚落（都邑）及近畿地区，在东亚地区尚属首见。人口的增长是社会复杂化与国家出现的重要契机，而人口集中的程度应能从一个侧面反映出国家社会的成熟度。

二、都邑布局的规划性

近年二里头遗址的一系列发现，表明这是一处经缜密规划、布局严整的大型都邑。遗址的中心区位于遗址的东南部至中部一带。由宫殿区、官营作坊区（包括铸铜作坊和绿松石器制造作坊）、祭祀活动区和若干贵族聚居区组成。遗址西部和北部区域则仅见小型地面式和半地穴式房基及小型墓葬，应为一般居住活动区。

它的中心区有作为城市之"骨架"的纵横交错的道路网。宫殿区围以方正规矩的城垣，宫城略呈纵长方形，面积逾10万平方米。这是迄今所知东亚地区最早的宫城遗存。宫城、大型建筑以及道路都有统一的方向。宫城内已发现两组有明确的中轴线的大型建筑基址群^②。

最早的一批城市，都是作为早期国家之权力中心而出现的，属

---

① 王建华：《黄河中下游地区史前人口研究》，山东大学博士学位论文，2005年。又见，王建华：《黄河中下游地区史前人口研究》，科学出版社，2011年。
② 许宏、陈国梁等：《二里头遗址聚落形态的初步考察》，见本书。

于政治性城市，有学者称其为"王权城市"[①]；我们认为，规划性是政治性城市最重要的标志，它构成东亚城市的一个重要特征。可以认为，以往对二里头遗址是否属于城市遗存的疑问，在相当程度上是由于长期以来从这处遗址的考古材料中看不出王都所应有的规划性。二里头都邑规划性的判明，对于探索东亚城市与国家的源流具有重要的标尺性意义。就目前的认识而言，延续了三千多年的中国古代王朝都城的营建规制，是发端于二里头遗址的。二里头遗址的聚落形态与陶寺、新砦等史前时代末期超大型围垣或环壕聚落间有着飞跃性的、划时代的变化，而与郑州商城、偃师商城及其后的中国古代王朝都城的面貌更为接近。其明确的规划性昭示了国家权力中心的特质。

三、大型礼仪建筑与青铜、玉礼器的独占

在二里头遗址宫城内目前已发现两组有明确中轴线的大型建筑基址群。这两组大型基址群分别以1号、2号两座大型基址为中心纵向布列。1号、2号基址的面积分别约为10000平方米和4200余平方米；近年揭露的二里头文化早期的3号基址的面积也不小于4500平方米。如此规模的大型建筑基址为东亚地区所首见，在二里头时代也仅见于二里头遗址。其坐北朝南、中轴对称、封闭式结构以及土木建筑的技术工艺等，都与后世中国古代宫室营建规制一脉相承。建筑基址形制和规模的不同应反映了功能的不同。

二里头遗址宫殿区以南，应是官营手工业区。在这一带新发现

---

① 伊東俊太郎：《文明の誕生》，講談社（東京），1988年。

的一处围垣设施，很可能将南部的铸铜作坊和绿松石器制造作坊全部围起。二里头遗址的铸铜作坊规模庞大、结构复杂且长期使用。综合已有的资料，在二里头时代能够铸造青铜礼器的作坊仅此一处，其礼器产品的使用范围也主要限于二里头都邑的贵族。据初步统计，在已发掘的500余座二里头文化墓葬中，出土青铜器和玉器（或仅其中之一种）的贵族墓葬仅20余座，其中除3座外，均发现于二里头遗址[①]。这些作为礼仪用器的容器（以酒器为主）、武器和乐器成组出现，构成独具中国特色的青铜礼乐文明。有证据表明，在二里头都邑衰微后，这处在当时唯一能够制作礼器的铸铜作坊应被迁于郑州商城，在其后的二里岗时代，当时国家的统治者仍然保持着对青铜礼器的独占。这种对关涉国家命脉的礼仪建筑与铜、玉礼器的绝对占有，显现了早期国家权力中心的唯一性。

此外，二里头遗址墓葬所表现出的高度的社会阶层分化，远程输入品所表现出的对外交流的广度与深度等，也都对究明二里头国家的特质有所助益。上述现象表明，二里头遗址所代表的社会拥有高度集权的组织管理体系，存在一个内部专业分工的行政机构。而这正是早期国家所应有的特征。

（《中原文物》2006年第3期）

---

① 李志鹏：《二里头文化墓葬研究》，中国社会科学院研究生院硕士学位论文，2005年。又见《中国早期青铜文化——二里头文化专题研究》，科学出版社，2008年。

关于二里头为早商都邑的假说

从考古遗存中辨析出古代文献所载最早的两个王朝——夏、商王朝的更替，是20世纪后半叶以来中国考古学的一大热门议题。二里头遗址自1959年发现伊始，就成为夏商王朝分界研究的焦点所在，先后有众多的提案被推出，尝试在二里头文化各期和二里岗文化之间区分夏、商王朝文化。形形色色的观点包括"二里头主体商都说""二里头前夏后商说""二里头全为夏都说"，以及"二里头主体夏都说"等[①]。

由于这一议题讨论的时段尚处于"原史时代"[②]，缺乏像甲骨文那样的自证性文字材料，因而上述观点仍只能归于假说和推断之类，而无法定论。由于假说只提示可能性，所以假说间是不具有排他性的。在既往的相关论著中，似乎还没有哪位学者在标题中即

[①] 河南省考古学会、河南省博物馆：《夏文化论文选集》，中州古籍出版社，1985年。中国先秦史学会编：《夏史论丛》，齐鲁书社，1985年。郑杰祥编：《夏文化论集》，文物出版社，2002年。夏商周断代工程专家组：《夏商周断代工程1996—2000年阶段成果报告·简本》，世界图书出版公司，2000年。

[②] 许宏：《商文明——中国"原史"与"历史"时代的分界点》，《东方考古》第4集，科学出版社，2008年。

明言个人观点仅为"假说"。以"假说"入题，意味着与以往参与讨论的学者相比，笔者对自己倾向性观点的"自信度"并不高。鉴于此，笔者并不企望通过此文推进相关研究走向深入，而只是想借此作一提醒：在作为目前主流观点的假说之外，还存在着另外的假说，且其所提示的可能性似不容忽视。

在目前的时点上，最新的系列测年结果、出土文献中提供的新线索以及对二里头遗址聚落形态演变的新认识乃至对相关阐释理论和方法论地再反思，都为我们重新审视"二里头商都说"提供了新的契机。

学史视角："共识"不居　假说依旧

从学术史上看，随着发现与研究的进展，上述假说曾先后作为主流观点甚至"共识"流行于世，间或呈摇摆之势。徐旭生1959年"夏墟"调查中发现二里头遗址，根据传世文献的记载推定其"在当时实为一大都会，为商汤都城的可能性不小"[①]，这一观点在学界产生了极大的影响。之后，夏鼐进一步总结道："根据文献上记下来的传说，二里头可能为商灭夏后第一个帝王成汤的都城西亳。如果晚期是商汤时代的遗存，那么较早的中期（或包括早期）遗存便应属于商代先公先王时代的商文化，因为三者文化性质是连续发展、前后相承的。如果事实上夏、商二文化并不像文献上所表示的那样属于两种不同的文化，那么这里中期和早期便有属于夏文化的

---

① 　徐旭生：《1959年夏豫西调查"夏墟"的初步报告》，《考古》1959年第11期。

可能了"①。可以认为，作为20世纪六七十年代主流观点的"二里头前夏后商说"（二里头文化二、三期之间分界）②，以及后来的"二里头主体商都说"（二里头文化一、二期之间分界）③，大体都是基于如此考虑。

1977年，是夏商分界研究中具有里程碑意义的年份。在这一年召开的登封告成现场会上，夏鼐关于"夏文化"概念的界定，决定了此后夏文化讨论的路向与结局④。邹衡在会上提出了新说，更令人瞩目："可以肯定地说，二里头文化就是夏王朝所属的考古学文化，即夏文化"；"而郑州商城就是成汤的亳都"⑤。在后来的论著中，邹衡又对"二里头夏都说"做了全面系统的阐述⑥。众所周知，邹衡以扎实的研究建构起了从殷墟上溯至龙山文化的系列考古学编年和谱系，极见功力而具有方法论上的示范意义。这奠定了他在夏商考古学领域崇高的学术地位。但在国内学界，还鲜有学者在评价邹衡时把他的辉煌业绩分成奠基性的实证研究和有待验证的假说两

① 夏鼐：《我国近五年来的考古新收获》，《考古》1964年第10期。

② 中国科学院考古研究所二里头工作队：《河南偃师二里头早商宫殿遗址发掘简报》，《考古》1974年第4期。殷玮璋：《二里头文化探讨》，《考古》1978年第1期。

③ 郑光：《试论二里头商代早期文化》，《中国考古学会第四次年会论文集》，文物出版社，1985年。

④ 许宏：《高度与情结——夏鼐关于夏商文化问题的思想轨迹》，《南方文物》2010年第2期。

⑤ 邹衡：《关于探索夏文化的途径》，《河南文博通讯》1978年第1期。

⑥ 邹衡：《试论夏文化》，《夏商周考古学论文集》，文物出版社，1980年。

大块来看待①。

　　以此为契机，"二里头夏都说"逐渐成为20世纪80年代以来的主流观点。"二里头主体夏都说"（二里头文化三、四期之间分界②，或二里头文化四期前、后段之间分界③）或指认郑州商城为亳都，或指认偃师商城为亳都，都可纳入"二里头夏都说"的范畴。

　　我们注意到，上述主流观点或"共识"的确立，都不是建立在获得决定性证据（即甲骨文一类自证性文字材料的出土）的基础之上的。诚如邹衡所言，"所有主张二里头文化是商文化者都依靠一条最主要的证据，就是：河南偃师二里头遗址所在地是成汤所都的'西亳'。我们主张二里头文化是夏文化，其主要依据之一，就是成汤所都在'郑亳'"④。由是可知，各方都是把今人依据传世文献而提出的推论和假说当作争论的主要证据。

　　而主张"二里头商都说"的学者转而同意"二里头夏都说"的契机，同样如此。曾持"陶寺夏都说"的高炜在后来的笔谈中坦承，"我们当年提出'陶寺说'一个重要的思想基础，从史学观点来说，便是信从'二里头西亳说'和刘歆以来的传统古史年代学……1983年偃师商城发现后，考古所内诸多师友转而主张'偃师商城西亳说'，对原来'二里头西亳说'形成致命冲击。我个人的

————————

①　诚如罗泰教授所言，"像与其同代的大多数中国考古学家一样，邹衡先生将自己同时视为历史学家和考古学家。他关于考古遗址与中国早期王朝之间关系的观点，尤其他将河南省偃师市二里头遗址当作古史传说中夏王朝首都的观点，尽管并非没有争议，却一直到现在在学术界还颇有影响"。Lothar von Falkenhausen，"Zou Heng (1927-2005)." *Artibus Asiae 66* (2006).

②　孙华：《关于二里头文化》，《文物》1980年第8期。

③　高炜、杨锡璋等：《偃师商城与夏商文化分界》，《考古》1998年第10期。

④　邹衡：《郑州商城即汤都亳说》，《文物》1978年第2期。

观点不可避免地要经受这一新的重大考古发现所带来的震荡"，最终接受了"二里头遗址的主体为夏文化"的观点①。这一心路历程颇具代表性。

可知，上述假说的提出以及放弃，都是建立在另外的假说及其变化的基础上的。它们是否足以构成否定"二里头商都说"的决定性证据和充分的理由，大有继续讨论的空间。说到底，不会说话的考古遗存、后代的追述性文献、并不"绝对"的测年数据，以及整合各种手段的综合研究，都无法作为定论，彻底解决都邑的族属与王朝归属问题②。在夏商分界探索领域，到目前为止还不能排除任何假说所提示的可能性。但测年技术等的进步可以使我们不断调整假说，增大了研究者不断迫近历史真实的可能性。

测年视角：渐晚渐短入商年

一般认为，西周王朝的始年，也即"武王克商"这一重大历史事件是推定夏、商年代的一个基点。据夏商周断代工程的统计，两千多年来，中外学者根据各自对文献和西周历法的理解推算，对于"武王克商"的年代形成了至少44种结论。最早的是公元前1130年，最晚的是公元前1018年，前后相差112年。再往前推算，关于夏、商的积年，各种文献也说法不一。夏为400多年，但存在多种说

---

① 张立东、任飞编：《手铲释天书——与夏文化探索者的对话》，高炜笔谈，大象出版社，2001年。

② 许宏：《最早的中国》，科学出版社，2009年。

法；商则由400多年至600多年，差异悬殊①。由于采用不同的说法，从西周初年开始计算的累计误差，就超过200年。夏商周断代工程给出的年表（夏公元前2070年~公元前1600年；商前期公元前1600年~公元前1300年；商后期公元前1300年~公元前1046年）②，可作为一种便于记忆的参考。

在碳十四测年技术应用于中国考古学研究之前，关于夏文化的推定有很大的推衍甚至想象的空间。最初是彩陶文化或仰韶文化说（20世纪30~40年代），后来是黑陶文化或龙山文化说（20世纪50年代）。介于二里岗商文化和龙山文化之间的"洛达庙类型"（后改称二里头文化）发现后，一般认为它仍属于商代文化范畴③。

碳素测年技术这一革命性技术的应用，给了中国考古学界以极大的鼓舞,由考古材料解决狭义史学问题的热情高涨。20世纪70年代以后，新的数据不断公布，导致假说纷呈。

1974年，二里头遗址1号宫殿基址简报在《考古》杂志上发表，标题中直接出现"早商"字样。简报认为，这座"商代早期的宫殿建筑，为汤都西亳说提供了有力的实物证据，从而二里头遗址的性质问题也就清楚了"。从整合研究的角度看，除引用《汉书·地理志》河南郡偃师县下注"尸乡，殷汤所都"这条文献（偃师商城发

---

① 夏商周断代工程专家组：《夏商周断代工程1996—2000年阶段成果报告·简本》，世界图书出版公司，2000年。
② 夏商周断代工程专家组：《夏商周断代工程1996—2000年阶段成果报告·简本》，世界图书出版公司，2000年。
③ 许宏：《方法论视角下的夏商分界研究》，《三代考古》（三），科学出版社，2009年。

现后，这条文献又被用来证明该城为"殷汤所都"①）外，最大的证据就是发掘简报最新公布的两个碳素测年数据：与宫殿基址同时的二里头文化三期的一个数据的树轮校正值是公元前1300年～公元前1590年，被认为"相当于商代早期"；稍早的二里头文化一期的一个数据的树轮校正值是公元前1690年～公元前2080年。

不久，夏鼐梳理二里头遗址已测定的4个碳素测年标本，认为"其中三个数据成一系列，包括二里头文化的一期至四期，年代约自公元前1900至公元前1600年"，因"可能是有误差"而剔除了属于三期"但测定年代反较上层（四期）的为晚"的一个数据②。值得注意的是，这个数据恰是被上述简报作为最有力的证据来证明三期"相当于商代早期"的。

至20世纪80年代初期，已测定了二里头遗址的33个标本。在此基础上，测年专家围绕二里头文化的年代学问题进行了专题研究。认为"从统计学的观点总体来看二里头遗址的时代应不早于公元前1900年，不晚于公元前1500年，前后延续300多年或将近400年"③。二里头文化是夏文化的全部或其后期文化的推断，一时成为主流观点。

2000年出版的《夏商周断代工程1996—2000年阶段成果报告简本》，公布了对二里头遗址新的碳素标本的测定结果。二里头文化一

① 赵芝荃、徐殿魁：《河南偃师商城西亳说》，《全国商史学术讨论会论文集》，殷都学刊增刊，1985年。

② 夏鼐：《碳–14测定年代和中国史前考古学》，《考古》1977年第4期。

③ 仇士华、蔡莲珍等：《有关所谓"夏文化"的碳十四年代测定的初步报告》，《考古》1983年第10期。

至四期拟合后的日历年代在公元前1880年~公元前1521年之间①。鉴于此，工程最终得出的结论是，"二里头文化可能只是夏代中晚期的夏文化，而早期夏文化则要在河南龙山文化晚期中寻找"②。此后，已很少有人坚持只有二里头一至四期才是夏文化的观点。

与夏商文化分界相关的测年结果的变化，是学界关注的热点问题。负责夏商周断代工程测年技术的首席科学家仇士华等，在工程阶段性成果公布不久，又撰文发表了不同于已公布成果的最新数据拟合结果。如《简本》中曾推断"郑州商城和偃师商城始建年代在公元前1610年~公元前1560年之间"，新发表的论文则认为"两个商城最早的年代均不早于公元前1560年~公元前1580年"，而"郑州商城的始建年代难以老上去，应处于公元前1500年前后"③。这一最新测年认识的契机，是没有收进《简本》的"郑州商城黄委会A区1999年采集的洛达庙-二里岗系列人骨测年结果"的加入。

数年后，测年专家对此又做了进一步的阐释："二里岗下层一期前面增加了洛达庙中晚期的7个单位的样品，使得形成的系列加长，因而拟合结果更加明确、具体，误差范围相对更小。其结果比之简本中的年代上限下移71年，为公元前1509年~公元前1465年。"与此相应的一个测年结果是，"洛达庙中期和二里头三期的年代均

① 夏商周断代工程专家组：《夏商周断代工程1996—2000年阶段成果报告·简本》，世界图书出版公司，2000年。

② 夏商周断代工程专家组：《夏商周断代工程1996—2000年阶段成果报告·简本》，世界图书出版公司，2000年。李伯谦：《关于早期夏文化——从夏商周王朝更迭与考古学文化变迁的关系谈起》，《中原文物》2000年第1期。

③ 张雪莲、仇士华：《关于夏商周碳十四年代框架》，《华夏考古》2001年第3期。

在公元前1600年左右"①。

测年专家提醒，"假如历史上夏商年代的分界大约在公元前1600年，那么二里头文化三、四期，洛达庙文化中、晚期还能都是夏代文化吗？郑州商城还能是汤亳吗？如果商朝是从二里岗文化开始的，那么目前测出的年代只能到公元前1500多年。因为商后期有八代十二王，商前期是十代十九王。现盘庚以前的商朝只有200年，比商后期的年代还短，这与历史文献不合。加之目前由夏商周断代工程研究得到的武王克商年而建立的年代学体系，相对来说年代较晚，盘庚迁殷的年代已不大可能晚于公元前1300年，所以将商的开始推定于公元前1600年再不可能有大的出入"。"另外，从新砦遗址的年代测定来看，二里头文化一期的年代仅处于公元前1700多年，这同二里头文化四期末的年代在公元前1500多年是相顺应的。虽然这样的年代框架不是没有误差，但足可以向考古学界提出，当您把考古学文化同历史挂钩的时候，既不能没有充分的证据，也不能不考虑现在的年代测定。"②

说到新砦，世纪之交对"新砦期"遗存的测年的确在学界引起了不小的震动。由20世纪80年代估计其上限在公元前2000年③到"暂估计为公元前1850年～公元前1750年"，"出乎预料的晚"④，是学界

① 张雪莲、仇士华等：《郑州商城和偃师商城的碳十四年代分析》，《中原文物》2005第1期。

② 张雪莲、仇士华等：《郑州商城和偃师商城的碳十四年代分析》，《中原文物》2005第1期。

③ 赵芝荃：《关于二里头文化类型与分期的问题》，《中国考古学研究（二集）》，科学出版社，1986年。

④ 赵春青：《关于新砦期与二里头一期的若干问题》，《二里头遗址与二里头文化研究》，科学出版社，2006年。

的共同感受。

嗣后，仇士华等首次正式披露了河南龙山晚期—新砦期—二里头期—二里岗期测年数据长系列拟合结果："新砦期的上限不早于公元前1850年，二里头一期的上限不早于公元前1750年，二里岗期上限不早于公元前1540年。"[1]针对有学者对新的测年数据不断偏晚变短的不解，测年专家做了说明："由于相应段树轮年代校正曲线的关系，二里头文化一期的年代上限在公元前1730年～公元前1880年之间，范围很大，这同1983年的报告是一致的。但若在拟合时使用边界条件来限定，就可以把上限缩小，向公元前1730年靠拢。现在采用新砦文化的系列样品同二里头文化的系列样品一起拟合，可以更客观地把二里头文化一期的年代上限定在不早于公元前1750年。"[2]

测年专家张雪莲、仇士华等在2007年正式公布了关于新砦—二里头—二里岗文化长系列年代测定结果："新砦早期的年代约为公元前1870年～公元前1790年，新砦晚期的年代约为公元前1790年～公元前1720年，二里头第一期的年代约为公元前1735年～公元前1705年，二里头第四期的年代约为公元前1565年～公元前1530年。"[3]其中，"北京大学加速器测年对从龙山文化晚期到新砦期的18个样品进行了测定……有5个样品送到维也纳加速器实验室进行了

---

[1] 仇士华、蔡莲珍等：《关于二里头文化的年代问题》，《二里头遗址与二里头文化研究》，科学出版社，2006年。

[2] 仇士华、蔡莲珍等：《关于二里头文化的年代问题》，《二里头遗址与二里头文化研究》，科学出版社，2006年。

[3] 张雪莲、仇士华等：《新砦—二里头—二里冈文化考古年代序列的建立与完善》，《考古》2007年第8期。

比对测定"，考古所实验室又"将新砦遗址测得的年代数据与二里头遗址测得的年代数据共同拟合"。这是得到国内外三家测年机构相互认可、测定结果高度一致的数值，颇为难得。

在二里头文化的年代上限被估定为公元前1900年的二三十年间，"二里头文化主体属商文化"假说的提出者，曾在文献中找出商年的极端值如公元前1751年或1766年[①]；曾坚持"陶寺文化为夏文化"假说的学者，则找出了夏王朝可上溯到公元前二十三四世纪的说法[②]。现在，他们都不必做类似的整合层面的努力了。高精度系列测年数据看来更支持"二里头商都说"（二里头文化一、二期之间分界或二里头文化二、三期之间分界）以及"陶寺文化为夏文化说"等当前属少数派学者的假说。

文献视角："亳中邑"与地中

传世文献中与二里头遗址商都说有关的记载，前人梳理甚详，这里不再赘述。冯时研究员一直坚持"陶寺文化为夏文化说"[③]。最近，他关于先商与早商问题的文献梳理与此相呼应，渐成系统，可备一说。

冯时指出，在夏、商及西周文明中，作为王朝的中心聚落，

---

① 郑光：《试论二里头商代早期文化》，《中国考古学会第四次年会论文集》，文物出版社，1985年。
② 高炜、张岱海等：《陶寺遗址的发掘与夏文化的探索》，《中国考古学会第四次年会论文集》，文物出版社，1985年。
③ 冯时：《"文邑"考》，《考古学报》2008年第3期。冯时：《中国古代的天文与人文（修订版）》第二章第四节，中国社会科学出版社，2009年。

也就是君王所在的京师之地，都是以（没有城墙的）"邑"的形式出现的。商代甲骨文显示，商王朝的政治中心为大邑商，而大邑商之外的地区则为商王同姓子弟和异姓贵族分封的"国"，因此，商代实际至少是由位居中央的作为内服的大邑商的"邑"和邑外作为外服的同姓和异姓贵族所封的"国"共同组成的政治实体。王都采用无城之邑的形制，正有使教命流布畅达的象征意义，这些观念应是早期王都以邑为制度的重要原因①。又史称汤都亳，然而亳都称"邑"却无明文记载。而清华大学藏战国竹简《尹诰》中的"亳中邑"，使我们知道亳都为邑；而《尹诰》《尹至》两文对读，又可知汤居之亳于灭夏前但名曰"亳"，夏亡商兴之后则称"亳中邑"。这一事实的澄清对于研究三代都邑制度的形成与演变具有极为重要的价值②。

冯时研究员的文献分析，与本人从考古学的角度提出的"大都无城"的中国古代早期都邑存在模式③不谋而合。商汤亳都为邑而不设防，二里头、殷墟、丰镐、周原、洛邑的聚落形态，或许正是商周时期大都不设防的真实写照。

最近，冯时又发表了对清华大学所藏战国竹简《保训》④的研究结果。他认为，"《保训》所述的早期地中乃由舜所测得，地在历山，当今濮阳一带。其时囿于夷夏东西的政治格局，致所求之地

① 冯时：《"文邑"考》，《考古学报》2008年第3期。
② 冯时：《"亳中邑"考》，"出土文献与中国古代文明"国际学术研讨会论文，北京，2013年。
③ 许宏：《大都无城——论中国古代都城的早期形态》，《文物》2013年第10期。
④ 清华大学出土文献研究与保护中心编：《清华大学藏战国竹简（壹）》，中西书局，2011年。

中更重南、北的取中。晚期地中则由（商汤六世祖先）上甲微所测得，地在河洛有易之地，当今河南嵩山、洛水一带。其时在夏王朝开创的新的政治地理的框架下，地中的思想不独限于南、北，同时也要考虑东、西的取中，从而在九州的基础上形成了四方之中的观念"。

他进而推论到，"新作的夏邑一方面需要围绕着以河洛嵩山为中心的新的地中而选建，另一方面又必须呈现为没有城墙的邑制，从这两个特点分析，目前的考古遗存唯有二里头遗址可以当之"。而二里头文化的"年代上限不早于公元前1750年，这意味着二里头文化第一期的年代恰好落在了商汤六世祖先上甲微变求地中的时代。很明显，文献记载与碳十四测年及考古学研究三者的契合使我们相信，不仅早晚地中变迁的史实可以得到印证，而且正是由于这一史实的澄清，使我们得以据居中而治及以邑制为主庭的传统思考认为，二里头一期文化属于夏王朝晚期遗存的结论更具意义"①。

美国汉学家艾兰教授也有类似的释读："在最近公布的竹简《保训》中，文王告诫他的儿子，也就是将推翻商朝建立周朝的未来国君——武王，古人通过'得中'而得到天下……要实现统治，君王必须处在中心。"从甲骨文看，"大地有一个公认的中心，那是一座作为世界轴心以及王权之源的高山。这就是处于河南省的嵩山……它在宗教仪式上的重要地位应该可以追溯到商代以前"。"尽管商人的都城迁离了嵩山一带，甲骨文里还包括一个强大的山神'嶽'，经常与'河'一起被祭祀。'嶽'指的可能就是嵩山，

---

① 冯时：《〈保训〉故事与地中之变迁》，《考古学报》2015年第2期。

它的地位与黄河相当"①。

商人与嵩山河洛一带关系密切，上甲微"变求地中"于此，"在九州的基础上形成了四方之中的观念"。这对于理解二里头文化作为东亚大陆最早的"核心文化"的形成，及其在中国文明史上开创纪元的历史地位，都不无裨益。

聚落视角：二里头都邑变迁的动向

二里头都邑几乎在各期之间，都有较显著的聚落形态上的变化。变化的原因当然可以有多种阐释，这里聊记备考。

由以往的发掘材料知，二里头文化第一期遗存在遗址中东部区域有广泛的分布，文化堆积范围逾100万平方米。由于破坏严重，它究竟属于一个大型聚落抑或是由数个聚落组成的大遗址群，尚不得而知。这一时期的遗存已显现出不同于嵩山周围同时期一般聚落的规模和分布密度。遗存中已有青铜工具、象牙器、绿松石器等规格较高的器物和刻划符号发现。此期的二里头遗址很可能已是较大区域内的中心聚落。从聚落时空演变的角度看，作为二里头文化中心聚落的二里头在伊洛平原的出现具有突发性，而没有源自当地的聚落发展的基础②。如此迅速的人口集中只能解释为来自周边地区的人口迁徙③。

① （美）艾兰：《论甲骨文中"中"及中国古代的"中央"观念》，《夏商都邑与文化》（一），中国社会科学出版社，2014年。
② 许宏：《"连续"中的"断裂"——关于中国文明与早期国家形成过程的思考》，《文物》2001年第2期。
③ 许宏、刘莉：《关于二里头遗址的省思》，见本书。

但这些，与第二期开始的都邑大建设相比，差异显著。从第二期开始，二里头都邑进入了全面兴盛的阶段，这一时期的遗存开始遍布现存300万平方米的遗址范围。新的发掘结果表明，宫殿区在此期已得到全面开发。其中，3号、5号基址所代表的大型多进院落宫室建筑群开始营建，院内开始埋入贵族墓；该区域的外围垂直相交的大路已全面使用。官营作坊区兴建了围墙并开始生产铜器，可能还有绿松石器。从判定考古学文化最重要的元素——陶器上看，具有二里头文化特色的陶器群形成于二里头文化第二期[①]。作为东亚历史上最早的核心文化，在文化因素上取大范围吸收、大规模辐射之势的二里头文化，也是始于二里头文化第二期的[②]。自二里头文化第二期始，二里头文化向北越过黄河，向东、西方向也有所推进，而向南推进的力度最大[③]。

二里头文化第三期持续着第二期以来的繁荣。总体布局基本上一仍其旧，道路网、宫殿区、围垣作坊区及铸铜作坊等重要遗存的位置和规模几同以往。但与前一期相比，这一阶段的遗存也出现了若干显著变化，值得关注。首先是在宫殿区大路上偏内侧增筑了宫城城墙，宫城城墙围起的面积超过10万平方米。一大批大中型夯土建筑基址兴建于此期。在宫城南大门中轴线上，兴建起了面积达1万平方米的1号基址。宫城东部，二里头文化第二期时由前后相连的多

---

① 德留大辅：《二里頭文化二里頭型の地域間交流—初期王朝形成過程の諸問題から—》，《中国考古学》第四號，日本中国考古学会，2004年。

② 许宏：《"连续"中的"断裂"——关于中国文明与早期国家形成过程的思考》，《文物》2001年第2期。许宏：《嵩山南北龙山文化至二里头文化演进过程管窥》，见本书。

③ 许宏：《二里头文化聚落动态扫描》，见本书。

重院落组成的3号、5号基址已废毁。这一区域有一个宫室建筑和使用的空置期，前后约数十年的时间，原来的3号基址的遗墟上散布着小型房址和灰坑等。新建的2号、4号基址另起炉灶，采用单体建筑纵向排列，压在被夯填起来的3号基址的原址上。其中2号基址的主殿和部分院落，是在填平夯实3号基址北院内的大型池状遗迹的基础上建成的。两个时期的建筑格局大变，同时又基本上保持着统一的建筑方向和建筑规划轴线，是颇耐人寻味的。

随着宫城城墙与一批新的大型建筑基址的兴建，宫城内的日常生活遗迹，如水井、窖穴等在数量上显著减少。这一现象似乎昭示了宫殿区功能的变化。在围垣作坊区的北部，一处面积不小于1000平方米的区域被用作绿松石器的生产。与此同时，铸铜作坊开始生产作为礼器的青铜容器。除了青铜礼器，贵族墓中也开始随葬大型玉礼器，其奢华程度较二里头文化第二期又上了一个台阶。联系到大型宫室的营建，有学者认为真正的"朝廷"与"宫廷礼仪"应是发端于此期的[①]。

要之，"连续"中的"断裂"，或曰"断裂"中的"连续"，是观察二里头文化第二、三期遗存最大的感受。这也给了夏商分界研究者以极大的分析乃至想象的空间。

关于二里头文化与二里岗文化的年代关系，我们倾向于认为二里头四期晚段与二里岗下层早段大体同时。这一阶段，二里头都邑持续繁荣。所有建于第三期的宫室建筑与宫城，绿松石器作坊、铸铜作坊及其外的围垣设施，以及四条垂直相交的大路都沿用至此期末，均未见遭遇毁灭性破坏的迹象。此外，至少有3座新建筑得以兴

---

① 冈村秀典：《夏王朝——王權誕生の考古學》，講談社（東京），2003年。

建，围垣作坊区的北墙得以加固增筑，随葬有青铜和玉礼器的贵族墓频出①。此期，这里仍集中着大量的人口，存在着贵族群体和服务于贵族的手工业。

二里头铸铜作坊与郑州南关外铸铜作坊在时间上前后相继。随着铸造青铜礼器作坊的战略迁移，二里头都邑沦为一般聚落，二里头时代也就正式为二里岗时代所取代。如果把视野下延至殷墟时代，可知二里头文化向二里岗文化、二里岗文化向殷墟文化演进的契机，就是这一大的历史发展阶段中王朝的主都由二里头至郑州商城，再向安阳殷墟的迁徙②。可以说，都邑的迁移是导致社会复杂化阶段考古学文化演变的重要因素。但都邑的迁徙和文化因素的变化，是否就一定是王朝更替的结果，还是需要加以深入探究的。

理论视角：一族一王朝 = 一种文化？

首先，以物质遗存为标识的考古学文化，与以社会心理认同为主要特征的族的共同体，属于两个不同的范畴。这种认同会在物质层面有一定的反映，但在复杂的人类社会，精神与物质层面的不吻合往往存在甚至会成为常态。就本质而言，"考古学只能见到人们表现于物质的活动，和能揣测到物质遗存所能体现的人们的关系及其他思想等方面的内容"③。"揣测"当然已进入了无从验证的范

---

① 许宏、陈国梁等：《二里头遗址聚落形态的初步考察》，见本书。
② 许宏：《都邑变迁与商代考古学的阶段划分》，《二十一世纪的中国考古学》，文物出版社，2006年。
③ 张忠培：《关于中国考古学的过去、现在与未来的思考》，《中国考古学：走近历史真实之道》，科学出版社，1999年。

畴。因此，将考古学文化与族的共同体画等号的认识存在着相当大的认知上的问题。

在以往关于夏商分界的讨论中，一个默认的前提是，夏商周三代是不同的族群建立的王朝，它们只能属于不同的考古学文化，而一个王朝在同一时段上只能对应于一种考古学文化。在这样的理论前提下，陶寺文化、王湾三期文化、二里头文化、二里岗文化等相关考古学文化的王朝归属，大都被认为是排他的。

考古学界关于夏文化的经典表述是："'夏文化'应该是指夏王朝时期夏民族的文化。"[1]"夏文化，也就是夏王朝所属的考古学文化。"[2]"'夏文化'是指夏代在其王朝统辖地域内夏族（或以夏族为主体的人群）创造的物质文化和精神文化遗存，核心内容是关于夏王朝（国家）的史迹。"[3]但对何为"夏民族""夏族"，却没有展开充分的论述。

从对古典文献的梳理上看，夏族应"是以夏后氏为首的夏王朝治下众多氏族部落的统称"。比照商周两个王朝的情况，其王都周围"还居住着一批与两个王朝的王室同姓的贵族及其所属的氏族，如商都大邑商周围的'多子族'，宗周地区内与周王同姓的……姬姓贵族"，甚至包括"商代甲骨卜辞中与'多子族'对称的'多生（甥）族'，以及西周金文所见与诸姬贵族保有婚姻关系的非姬姓氏族"。所以，"按照商周两个王朝的氏族构成对夏进行考察，所

---

① 夏鼐：《谈谈探讨夏文化的几个问题——在〈登封告成遗址发掘现场会〉闭幕式上的讲话》，《河南文博通讯》1978年第1期。

② 邹衡：《试论夏文化》，《夏商周考古学论文集》，文物出版社，1980年。

③ 中国社会科学院考古研究所：《中国考古学·夏商卷》绪论（高炜撰写），中国社会科学出版社，2003年。

谓夏族主要便是各个夏后氏的同姓及姻亲氏族，是他们构成了夏代国家的主体"①。要之，"根据文献记载，组织成夏代国家的那些氏族部落（即所谓'夏族'）确实很难被编织进一个单纯的考古文化谱系。既然说夏已进入文明社会，一个已经进入文明的复杂社会是绝不会与一单纯的考古文化相对应的。这个道理，请国内从事夏文化探索的考古工作者三思"②。类似问题，的确值得深思。

这里，我们不拟多议"一个考古学文化只能属一个族群""（原史时代的）考古学文化可以直接以族属来命名""由日用陶器的变化可以判定族属和王朝分界""（推定出的）王朝都邑已属已知，可以由此推定未知"等论点。值得欣慰的是，在"早期夏文化研讨会"和"先商文化研讨会"上，都有多位学者对会议名称中使用的相关概念提出冷思考③，反映了学界的不断"自觉"与成熟。

我们将二里头所代表的政治实体称作东亚大陆最早的广域王权国家，或"国上之国"④，无论其姓夏还是姓商，它是东亚地区最早实现了较大范围内区域社会整合的复杂的政治实体。如果二里头为早商遗存，而二里头之前的中原考古学遗存不见王朝气象，那么庞大的"夏"是否有可能是在后世文献中被放大的？如倾向于陶寺文化为夏文化，那么，是否陶寺以外同时代相关地域的考古学文化也就都可以排除在夏文化之外了？二里头所代表的政治实体仅限于二

① 沈长云、张渭莲：《中国古代国家起源与形成研究》，人民出版社，2009年。
② 沈长云、张渭莲：《中国古代国家起源与形成研究》，人民出版社，2009年。
③ 常怀颖：《"早期夏文化学术研讨会"纪要》，赵新平、徐海峰等：《首届"先商文化学术研讨会"纪要》，《早期夏文化与先商文化研究论文集》，科学出版社，2013年。
④ 许宏：《最早的中国》，科学出版社，2009年。许宏：《何以中国——公元前2000年的中原图景》，生活·读书·新知三联书店，2014年。

里头文化吗？如果我们认可二里岗文化和殷墟文化这两个不同的考古学文化同属于商王朝的文化，那么为什么二里头文化和二里岗文化不可能是同一个人们共同体（商王朝）的文化？疑问多多。秦文化由春秋到秦代，随社会剧变与文化交流而面目全非，但考古学上仍统称秦文化；田氏代齐，王族彻底换人，但考古学上仍统称齐文化；明代因王朝内部集团的更迭而由南京时代进入北京时代，巨变发生于同一王朝之内……由近推远，应会使我们的思维复杂化，进而虑及历史发展的复杂性。就考古学而言，除了可以依凭的材料仍显不足以外，我们一直没有建立起有效地说明考古学文化与族群、考古学文化的变迁与社会政治变革之间相互关系的解释理论。这种学术背景，决定了这一课题的研究结论也不可避免地具有推断和假说的性质。

要之，排除了二里头文化的"商王朝考古学编年"和"商代史"，未必是完整的商王朝编年和完整的商代史。仍想强调的是，"以往的相关讨论研究都还仅限于推论和假说的范畴。二里头都邑王朝归属之谜的最终廓清，仍有待于包含丰富历史信息的直接文字材料的发现和解读"①。

（《南方文物》2015年第3期）

---

① 许宏：《最早的中国》，科学出版社，2009年。

甲子忆往

焦

点

二

里

头

二里头遗址发掘和研究的回顾与思考

2004年是二里头遗址勘察发掘45周年。40余年来，除"文化大革命"期间中断了数年（1965～1971年）外，二里头遗址的钻探发掘工作持续不断，在30多个年份中共进行了60余次（以春夏、秋冬各为一个发掘季度）发掘，累计发掘面积达4万余平方米，取得了一系列重要成果。发现了大面积的夯土建筑基址群和宫城城垣，以及纵横交错的道路遗迹；发掘了大型宫殿建筑基址数座，大型青铜冶铸作坊遗址1处，与制陶、制骨、制绿松石器作坊有关的遗迹若干处，与宗教祭祀有关的建筑遗迹若干处，以及中小型墓葬400余座，包括出土成组青铜礼器和玉器的墓葬。此外，还发现并发掘了大量中小型房址、窖穴、水井、灰坑等，出土大量陶器、石器、骨器、蚌器、铜器、玉器、漆器和铸铜陶范等。作为中国古代文明与早期国家形成期的大型都邑遗存，二里头遗址的重要学术地位得到了学界的公认。

时值新世纪之初，对这一重要遗址的田野发掘与研究进行初步的小结，或有益于今后的田野工作和相关研究的不断深化。

一、遗址的发掘与研究

遗址最初发现于1957年。1959年夏，著名古史学家徐旭生在率队调查"夏墟"的过程中踏查该遗址，随即发表了调查报告[①]。鉴于遗址出土物丰富、面积广大，且位于史籍记载的商都"西亳"所在地，徐旭生认为该遗址"为商汤都城的可能性很不小"，引起学术界的极大关注。当年秋季，河南省文化局文物工作队和中国科学院（现为中国社会科学院）考古研究所洛阳发掘队分别进行发掘，其后发掘工作由中国社会科学院考古研究所独立承担。发掘与研究的历程可大体分为四个阶段。

（一）1959年秋至1960年

了解以陶器为中心的文化面貌，初步建立分期框架。最初3个季度的试掘发现了从龙山文化晚期至"洛达庙类型商文化"（后被命名为"二里头类型文化"和"二里头文化"[②]）连续发展的层位关系，划分出早、中、晚三期遗存（相当于二里头文化一、二、三至四期）。推测遗址范围东西约2公里~2.5公里，南北约1.5公里。

1960年春，根据遗址上的主要道路、水渠和自然村地界，把整个遗址分为九个工作区，平面略呈"井"字形。当年秋季钻探发现并确认大型夯土基址（1号宫殿基址）。

---

① 徐旭生：《1959年夏豫西调查"夏墟"的初步报告》，《考古》1959年第11期。

② 夏鼐：《新中国的考古学》，《考古》1962年第9期。夏鼐：《碳–14测定年代和中国史前考古学》，《考古》1977年第4期。

（二）1961年秋至1978年

主要发掘1、2号宫殿基址。1961年秋至1964年春，揭露1号基址东半部，发掘面积约6500平方米；1972年秋至1975年，揭露1号基址其余部分，发掘面积约7100平方米。1977年秋至1978年，全面揭露2号基址，发掘面积4300余平方米。确认在2号基址下存在二里头文化二期的大面积夯土遗存。

在此期间，钻探出夯土基址30余处；发掘出与铸铜、制陶有关的遗存和中型墓葬若干；陆续有玉器、铜器等出土；确认了二里头文化第四期遗存的存在。

从简报和正式报告所发表的遗址平面图看，这一时期所掌握的遗址范围和工作区的划定，尚未涵盖目前所知的遗址西部。田野工作一直限于遗址东、中部的9个工作区以内，仍认为宫殿区所在的第V区位于遗址的中心地带。

遗址在发现之初、试掘之前，即因面积广大而被推定为"一大都会"，很可能是"商汤都城"。但可以说直到面积达数千至1万平方米的1号、2号大型建筑基址被全面揭露，才从考古学上初步把握了它与都邑相称的遗存性质。

（三）1980年至1997年

发掘铸铜作坊遗址，中小型房址，与祭祀、制骨、制陶有关的遗存和墓葬等。1980～1984年，主要发掘宫殿区以南的铸铜作坊遗址。1985年后，以配合基建的抢救性发掘为主。在此期间又发现多处二里头文化二期夯土遗存；在宫殿区以北发现与祭祀有关的建筑遗存和墓葬；发掘范围扩展至遗址西部和北部，新划定了3个工作区；积累了丰富的以陶器为主的遗物资料。

夯土基址、铸铜作坊、与祭祀相关的建筑、各类墓葬的钻探和发掘，以及青铜礼器、玉器、漆器、白陶器、绿松石器、海贝等奢侈品或远程输入品的出土，都进一步显现了二里头遗址不同于一般聚落的都邑文化的重要内涵。

（四）1999年秋至今

为解决遗址的结构、布局问题，展开全面的钻探与发掘。1999年秋，对遗址外围进行全面钻探，搞清了遗址的现存范围。次年，经钻探发掘，发现了作为遗址东界的沟状堆积。2001年开始，以寻找遗址中心区的道路网络为切入点，在已知宫殿区及其外围的IV、V、VI区进行了大规模的钻探，初步查明了宫殿区周围的道路分布状况。同时，对宫殿区东部展开了大规模的发掘，揭露出大型夯土基址群，基本上搞清了这一区域宫室建筑的布局及其演变过程。2003年春季，从作为城市"骨架"的道路网络系统入手，在夯土基址群的外围发现了宫城城垣，经钻探发掘，搞清了宫城城垣的建筑结构与时代及宫城的范围。数年的发掘面积逾5000平方米。

综上可知，前三个阶段对遗址的发掘和研究工作的重点集中于如下两个大的方面并取得了丰硕的成果。其一，长时间、大面积的发掘积累了丰富的遗物资料，以陶器研究为中心建立起了可靠的文化分期框架，二里头文化一至四期的演变序列得到学术界的普遍认可。这是都城遗址研究的重要基础。其二，1号、2号宫殿基址、铸铜作坊遗址、中型墓葬等重要遗存的发掘，确立了二里头遗址作为迄今可确认的中国历史上最早的都城遗存的重要学术地位。

发掘者在第一阶段即对遗址进行总体分区，并抓住了大型宫殿基址这一都城发掘的重点，做好了大面积钻探发掘的准备，是颇为难能可贵的。由于后来工作重点集中于前述两个方面，作为都城的遗址的总体结构和布局，一直有待于进一步廓清。第四阶段的工作则使我们对作为都城的二里头遗址的总体面貌以及中心区结构、布局有了进一步的认识。

二、遗址研究的若干问题

自二里头遗址发现以来，数代学人孜孜以求、艰辛探索，取得了丰硕的研究成果。与遗址相关的综合研究，从20世纪70年代后期全面展开。经初步梳理，可将已有的研究成果粗略地分为以下几大类（时间以发表时间计）。

1. 考古学文化研究，始于20世纪80年代中期。

2. 年代学研究，始于20世纪70年代后期。

3. 都邑建筑研究，始于20世纪70年代后期。

4. 墓葬研究，始于20世纪80年代中期。

5. 遗物、纹饰与刻符文字研究，始于20世纪70年代后期。

6. 宏观态势研究，始于20世纪80年代中期。以文明演化进程、国家形成等为主要议题，自20世纪90年代中期渐盛，开始关注文化互动、中心与边缘间的关系、地域间交流、资源获取等。

7. 地理环境研究，始于20世纪90年代中期。

8. 聚落形态研究，始于最近几年。

9. 文献与考古材料整合基础上的历史复原研究，即夏文化探索和夏商王朝分界问题，始于20世纪50年代后期，自20世纪70年代后期渐盛。

概而言之，40余年来以田野工作为先导的上述研究，明确了二里头遗址及由其命名的二里头文化在两大方面的重要学术意义。

其一，在文明与国家形成史上的意义。二里头遗址拥有目前所知我国最早的宫室建筑群和宫城遗存、最早的青铜礼器群和最早的青铜冶铸作坊。它是当时中国乃至东亚地区最大的聚落，也是迄今为止可确认的中国最早的王国都城遗址。高度发达的文化内涵和大范围、跨地域的文化吸收与辐射，形成辐辏之势，使以其为代表的二里头文化成为中国历史上最早出现的核心文化。二里头文化与后来的商周文明一道，构成华夏文明形成与发展的主流，确立了以礼乐文化为根本的华夏文明的基本特质。近年兴起的一系列相关研究，又使我们对二里头遗址及二里头文化的产生背景、形成过程及动因等有了初步的了解，在这一领域的进一步的探索，将会极大地推进研究的深度与广度。

其二，在夏文化与夏商王朝分界探索上的意义。二里头遗址地处古代文献所记载的夏王朝的中心区域，二里头文化的年代也大体在夏王朝的纪年范围内。因此，二里头遗址理所当然地成为探索夏文化和夏商王朝分界的关键性遗址。结合古代文献，从考古学上寻找夏族和夏王朝的文化遗存，进而恢复夏代历史的本来面貌，是数十年来中国考古学和历史学界矢志追求的一项重要学术目标。学者们在夏文化的探索上倾注了极大的热情，呈现出百家争鸣的盛况，其参与人数和发表学说之多，历时日之长，讨论之热烈，都远超其他学术课题，为海内外学术界所瞩目[1]。目前学术界倾向于认为它是夏王朝中晚期的都城之所在[2]，当然还存在着不同的意见。

---

[1] 郑杰祥编：《夏文化论集》，文物出版社，2002年。

[2] 夏商周断代工程专家组：《夏商周断代工程1996—2000年阶段成果报告·简本》，世界图书出版公司，2000年。

据初步统计，上述九大类中前八类研究成果的总和，尚不到有关二里头遗址与二里头文化（主要涉及二里头类型）研究论著总数的一半，而最后一类则占了另一大半，约有400余篇。在不足半数的前八类研究课题中，又有相当一部分研究是为了论证第九类即夏文化与夏商分界问题而展开的。殷玮璋先生在回顾40年间夏文化探索工作时，有这样一段表述："从另一个角度观察，在系统资料尚未发表的情况下能写出这么多文章，提出那么多观点，不能不说是个有趣的现象。"①相对于考古学层面的基础研究，运用有限的考古材料所进行的整合研究更受关注，这是一种时代现象，反映了20世纪下半叶以来学术界的总体学术取向和研究思路。

回顾二里头遗址与二里头文化的探索历程，可以从中得到这样的启示：研究思路的拓宽与理论和方法论研究的加强，是深化研究的关键之所在；而考古资料的不充分，仍是妨碍研究工作展开的最大问题，相关课题研究的深入在很大程度上取决于田野工作的突破。

这里，我们仅拟就考古学层面遗址研究的若干问题略举数例，以资探讨。

（一）关于二里头文化及其分期——以"一期遗存"为例

作为一种独立的考古学文化，其时间范围应当是该文化保持其文化特质的时间上的"度"或"临界点"②。可以允许文化内时段上的变化，但每期遗存必须包含为该文化所特有的、最基本的文

---

① 张立东、任飞编：《手铲释天书——与夏文化探索者的对话》，大象出版社，2001年。

② 孙华：《商文化研究的若干问题——在纪念殷墟发掘70周年之际的反思》，《三代文明研究（一）》，科学出版社，1999年。

化特质。已有学者基于这一前提指出，"二里头文化一期遗存"的面貌，与以二、三期遗存为典型代表的二里头文化的总体特征有较大的差异，而与前此的"新砦期"遗存甚至王湾三期文化近似，认为"一期遗存"应属龙山文化向二里头文化的过渡期，或将其划归"王湾类型"文化或"新砦文化"①。

其实，这种差异乃至文化属性上的不同早在二里头遗址发掘之初即为发掘者所指出。1961年发表的二里头遗址首次试掘简报中将所发现的遗存分为三期：早期属河南龙山文化晚期；中期虽保留有若干龙山文化因素，但基本上接近商文化；晚期则为洛达庙类型商文化（即后来的二里头文化）。至1964年，夏鼐先生在总结二里头遗址的发现时，仍认为该遗址"早期当属'河南龙山文化'晚期"②。

1965年二里头遗址发掘简报首次将遗址的早期遗存归入"二里头类型"，但发掘者并未对此进行明确的解释或展开论证。20世纪70年代，二里头文化的四期分期方案正式提出③。就目前的认识，洛达庙遗址一至三期遗存相当于二里头文化的二至四期或稍晚。原

---

① 方孝廉、李德方等：《试析煤山嫙李两遗址的河南龙山文化和二里头文化》，《中原文物》1983年特刊。李德方：《二里头类型文化的来源及相关问题》，《青果集》，知识出版社，1993年。饭岛武次：《关于二里头文化——二里头类型第一期不属于二里头文化》，《夏商文明研究》，中州古籍出版社，1995年。郑光：《二里头遗址的发掘——中国考古学上的一个里程碑》，《夏文化研究论集》，中华书局，1996年。杜金鹏：《新砦文化与二里头文化——夏文化再探讨随笔》，《三代考古》（一），科学出版社，2004年。郑杰祥：《二里头二期文化与后羿代夏问题》，《中原文物》2001年第1期。

② 夏鼐：《我国近五年来的考古新收获》，《考古》1964年第10期。

③ 需指出的是，遗址分期和文化分期是两个层面上的概念。早在二里头遗址1959年秋季第一次发掘中即已发现的仰韶文化和庙底沟二期文化遗存，应属遗址第一、二期遗存；其后的二里头文化一至四期遗存应分别相当于遗址第三至六期遗存。但此后论述者对遗址分期与文化分期并未作严格区分，往往混用。

来以该遗址命名的"洛达庙类型文化"本来不包括二里头遗址早期遗存即后来的"二里头文化一期遗存"。我们可以设想，如果二里头遗址不存在"一期遗存"，而同类遗存发现于其他遗址，我们在确认二里头文化的内涵时，是否还会特意将这种与当地龙山文化及"新砦期"遗存有大体相近的文化面貌和分布地域的遗存纳入二里头文化，作为其初始阶段呢？

类似的已不断深化的认识与"约定俗成"的既有认知框架间的不和谐现象是较为普遍的，这主要应归因于考古学文化命名的随机性。一种考古学文化及其分期方案一旦提出，其后的研究中新的提案即便具有合理性也难以为学术界所认可和采纳。问题是这已不仅仅是考古学文化命名上简单的名实之辩，它还直接影响到研究的深入。这是今后研究中必须认真对待的问题。

与之相关的一个问题是，在对像二里头文化这样处于社会复杂化进程中的考古学文化进行分期和建构其以陶器为主的编年框架时，是否还应考虑到都邑内重要遗迹现象的兴废、都邑总体布局和结构上的显著变化，以及诸如地域扩张和文化辐射等文化态势上的差异等因素。如是，则对既有的考古学文化与分期框架仍有深入探讨的必要。

（二）关于年代问题——以^{14}C测年与考古学编年的关系为例

对二里头文化遗存进行碳素年代测定，始于20世纪60～70年代，至80年代初期，已测定了二里头遗址的33个标本。在此基础上，测年专家围绕二里头文化的年代学问题进行了专题研究。认为"从统计学的观点总体来看二里头遗址的时代应不早于公元前1900

年，不晚于公元前1500年，前后延续300多年或将近400年"①。由于介于这两个上下限数据之间的其他标本的年代"有不少与层位顺序颠倒"，研究者并未对二里头文化各期的绝对年代幅度作进一步的推断。此后，考古学者在引用该文时为方便起见又作了进一步的阐发。一般表述为"二里头类型文化一至四期的年代大约相当于公元前1900年～公元前1500年，共计为400年。按平均年数计算，二里头四期文化各占约100年"②。这代表了20世纪80年代以来学术界对二里头文化绝对年代的基本认识。

近年出版的《夏商周断代工程1996—2000年阶段成果报告简本》中，公布了对二里头遗址新的碳素标本的测定结果。二里头文化一至四期拟合后的日历年代在公元前1880年～公元前1521年之间③。考虑到上述数值仅是可能的年代数据的两极值，则二里头文化一至四期的存在时间应不超过300年或可说仅有200余年④。如这一测年结论确切，则对二里头文化以陶器为主的遗物递嬗频率与时间跨度，就有重新认识的必要。

（三）关于人地关系的研究——以气候、环境分析为例

最近有若干与二里头文化相关的考古报告、环境信息报告和研究论著问世，提供了一批关于当时人地关系的宝贵材料和研究成

---

① 仇士华、蔡莲珍等：《有关所谓"夏文化"的碳十四年代测定的初步报告》，《考古》1983年第10期。
② 赵芝荃：《关于二里头文化类型与分期的问题》，《中国考古学研究（二集）》，科学出版社，1986年。
③ 夏商周断代工程专家组：《夏商周断代工程1996—2000年阶段成果报告·简本》，世界图书出版公司，2000年。
④ 殷玮璋：《考古研究中的几个问题》，《社会科学管理与评论》2001年第2期。

果。其中《洛阳皂角树》是又一部尝试进行多学科综合研究的考古报告。报告综合了磁化率测定、化学分析、孢子花粉及硅酸体等各项分析，推定"二里头时期的人们是生活在较暖湿的亚热带北缘自然环境下，恰值前期（夏初）降温至后期（商）升温的环境改善阶段中"，"年均气温16℃左右和年降水约1000毫米，夏季较今长的湿润的自然环境中"。这与近年二里头遗址孢粉分析的结果[①]有不小的差异。该研究报告称，"河南龙山文化末期至二里头文化四期，……正处于全新世大暖期高峰期过后，气候逐步由温暖湿润型朝着干冷型变化，夏代前期的自然气候条件好于后期"。具体说来，约在二里头文化一期时，"为温凉湿润气候"，后期"气候温凉较干"。"从二里头文化二期到二里头文化三期，气候干旱程度不断加深并形成稀树草原植被。二里头文化四期干旱程度有所减缓，……气候温凉较湿。"[②]

我们可以用考古发掘结果来旁证上述环境信息研究的结论。

在二里头遗址2001~2002年宫殿区的发掘中，属于二里头文化二、三期的多眼水井及井状遗迹的深度均在距地表9米~10米以下，大多因在现地下水位以下而难以清理到底。同时，我们对1号宫殿基址西庑外早年发掘的2眼水井进行了补充清理，结果证明两眼水井的建造年代均为二里头文化第四期，二者的深度仅有7米多。二、三期与四期间多达2米以上的水位落差，是此期从气候干旱到温凉较湿的环境变化的一个极好的例证。

---

① 宋豫秦、郑光等：《河南偃师市二里头遗址的环境信息》，《考古》2002年第12期。

② 宋豫秦、郑光等：《河南偃师市二里头遗址的环境信息》，《考古》2002年第12期。

那么，这种结论上的差异又是如何形成的呢？我们注意到，皂角树遗址的二里头文化时期的标本等距采取自同一个地层（整个遗址文化层统一编号的第④层，深褐红色顶层埋藏土上层），这一地层出有二里头文化时期的遗物；该层又下压属于遗址第三、四期（分别相当于二里头文化第四期及更晚阶段[①]）的灰坑等遗迹；"遗址文化分期表"更明确地将第④层归入遗址第四期。因此，取样所在的第④层的时代只能限定于二里头文化四期偏晚甚至更晚阶段这一狭小的时间范围内。依考古地层学原理，（不含小层、亚层的）文化层是考古遗存的基本单位，具有不可再分（不超出考古学上一个期段的幅度）的性质。因而，在同一文化层内按不同深度等距采样，也就不具有时间划分的意义，更无法获取整个二里头文化时期的环境信息。就气候湿润程度而言，由皂角树遗址采样所得二里头文化时期总体上暖湿的结论，倒基本上与二里头遗址第四期孢粉分析的结果大体相符。这从一个侧面印证了上述对皂角树遗址取样所在地层单位的年代跨度和其所处二里头文化具体时段的推论。

由上述分析可以看出，参与合作研究的各学科的学者间对研究对象的理解与解释尚存在一定的差异，关于人类活动时期古环境信息研究的理论与方法，还有深入探讨的必要。

作为华夏文明探源研究中的一个已知点，二里头遗址其实还有许多未解之谜，从某种意义上讲，这些谜本身又是解开华夏文明形成之谜的钥匙。关于遗址的调查、发掘与研究，尚有许多课题需要通过考古学者的不懈努力及多学科合作来完成，任重而道远。我

---

① 报告中认为皂角树遗址第四期"处于夏王朝末期"，同时又相当于"二里头五期"，对于后者，学术界一般认为已不属二里头文化的范畴，而应属二里岗文化。

们相信，随着以聚落形态研究为中心的田野考古工作及包括自然科学手段在内的相关研究的不断深入，二里头遗址在探索华夏文化的源流、中国早期文明与国家形成上所具有的重要意义也将进一步彰显，展现出新的辉煌。

（《考古》2004年第11期）

中国考古学长足发展的缩影

——写在《二里头考古六十年》出版之际

二里头遗址是东亚地区青铜时代最早的大型都邑遗址，以其为典型遗址的二里头文化则是东亚地区最早的"核心文化"。1959年，著名古史学家徐旭生先生率队发现该遗址，当年秋季，田野考古工作正式启动。今年，是二里头遗址发现与发掘60周年。

二里头考古60年，一甲子倏忽之间。60年间，几代考古人的辛勤努力，揭示出了二里头都邑与二里头文化辉煌与绵厚的过去。二里头见证了中国考古学的发展历程，二里头考古则是中国考古学长足发展的一个缩影。

二里头遗址田野考古工作的前40年（1959～1998年），学界前辈由大量遗物资料的积累建立起了以陶器为中心的可靠的文化分期框架，二里头文化一至四期的演变序列得到普遍认可；通过对较大范围内具有相似内涵遗址的发现和部分遗址的发掘，逐步廓清了二里头文化的相对年代、分布范围、地方类型与文化源流等问题。这些是二里头遗址及二里头文化研究的基础工作。至于大型宫室建筑、铸铜作坊和贵族墓葬等高等级遗存的发现和揭露，则无疑确立了二里头遗址作为早期大型都邑及以其为代表的二里头文化在中国早期国家、文明形成研究中的重要历史地位。

自1999年秋季开始，二里头遗址新一轮的田野考古工作在理念与重心上都发生了重要变化，即将探索二里头遗址的聚落形态作为新的田野工作的首要任务。所采用的工作方法与途径是：以聚落考古的理念对遗址总体和重要建筑遗存进行宏观考察分析；与此同时，通过细致的工作，为年代学、经济与生业形态、成分分析及工艺技术、地貌环境与空间分析等提供可靠样品与精确信息，积极深化多学科合作研究。注重以遗址和区域聚落形态探索为中心及多学科合作研究，构成了世纪之交以来二里头遗址田野考古工作与综合研究的两大特色。

在这一学术理念指导下，二里头遗址的田野工作取得重要收获，集中体现在以下几个方面：其一，首次对遗址边缘地区及其外围进行了系统钻探，确认了遗址的现存范围、遗址边缘区的现状及其成因；确认了二里头都邑中心区和一般居住活动区的功能分区。其二，在中心区发现了成组的早期多进院落宫室建筑、井字形主干道网、车辙、晚期宫城及两组中轴线布局的宫室建筑群、大型围垣作坊区和绿松石器作坊、与祭祀有关的巨型坑和贵族墓葬等重要遗迹和珍贵遗物。与此同时，采用新理念、新技术和新方法，结合考古学的传统手段，包括二里头工作队在内的相关单位在中原地区的部分区域开展了新一轮的系统田野考古调查。通过这些工作，不仅新发现了一大批二里头文化遗址，同时还为学界提供了更为精准与科学的遗存信息。进而，围绕二里头文化的聚落形态、技术经济、生计贸易、人地关系、社会结构乃至宏观文明进程等方面的探索研究都取得了长足的进展。

1999年我接手二里头遗址的考古工作时，二里头遗址的田野考古与研究已历40个春秋。从学术信息刊布的角度看，第一本遗物资料集《二里头陶器集粹》图录出版于1995年，第一本田野考古报告《偃师二里头：1959年～1978年考古发掘报告》在我接手时则刚刚面世，而关于二里头遗址与二里头文化的综合性研究著作则付诸阙如。

数年后，二里头遗址新一轮的田野考古工作取得初步成果，我即萌生了步《殷墟的发现与研究》（科学出版社，1994年）之后尘，编写一部《二里头遗址的发现与研究》的念想。当时年轻气盛，拟以一己之力，在田野工作之余完成之。翻检了下既往的文档，看2004年春季既已开始列出大纲，梳理参加田野工作人员名录，编辑田野工作大事年表。从发现与研究历程到具体成果，都已开始填空式的动笔了。此后因田野工作、报告整理和诸多杂务，这项工作就被放到了一边，一直再没能捡起来。

2004年，《考古》第11期推出了《本刊专稿——二里头遗址》，是我们在二里头遗址发现45周年之际的纪念专稿。除了最新的考古勘察与发掘简报外，还有我与同事陈国梁、赵海涛合写的《二里头遗址聚落形态的初步考察》和我的《二里头遗址发掘和研究的回顾与思考》两篇论文。2005年，我们推出了资料和研究成果的合集《偃师二里头遗址研究》；2006年推出了《二里头遗址与二里头文化研究——中国·二里头遗址与二里头文化国际学术研讨会论文集》；2008年推出了硕士学位论文专辑《中国早期青铜文化——二里头文化专题研究》。

2014年，在纪念二里头遗址发现55周年之际，五卷本考古报告《二里头（1999—2006）》出版。是时候在二里头遗址发现60周年之际，重新开始二里头发现与研究综合性专著的编撰工作了。2016年，《丰镐考古八十年》出版，我们关于二里头发现与研究的综合性论著，就叫《二里头考古六十年》吧。这就是这部书的书名及腹稿的缘起。如果做一个解题的话，这里的二里头显然已不应仅限于二里头遗址，也包含以其命名的二里头文化。

但十余年过去，站在当下信息爆炸、研究深入的时点上，这本书已远非个人以一己之力能够完成得了。随着自己跻身于考古界"老兵"行列，精力与学力不逮，而田野考古本来就有团队作业的特质，可充分发挥年轻同仁的作用；又时值多学科合作、学科大转型的时代，只懂考古已经搞不好考古了，这部专书也不应只是纯考古著作。只有合作集成，才能让这一念想成真。在这样的"自知之明"下，我开始考虑搭班子来完成此书。从团队成员到学位论文选题与二里头密切相关的年轻学者都加盟了进来。

前述初版于20世纪90年代的《殷墟的发现与研究》，尚未设专章来综述多学科合作的成果，及至《丰镐考古八十年》，已有一章来谈"多学科方法的应用"，内容包括Arcgis系统的构建、航空遥感技术的应用，以及其他科技手段的应用。而二里头遗址是公认的迄今为止中国考古学学科范畴内科技考古各"兵种"介入最多的一个遗址，大型考古报告《二里头（1999—2006）》则是迄今为止我国参与编写的作者人数最多的一本考古报告（共62人参与执笔）。聚落考古和多学科研究的理念与收获，构成这部报告的重要特色，是中国考古学学科发展与转型的一个缩影。鉴于此，由我的同事袁靖先生领衔、曾参与二里头遗址遗存分析测定研究的10余位各领域的学者组成的多学科团队，自然就成为这部书的重要撰稿人，他们的人数已远超我们几位考古领域的作者。这样的撰稿人构成，以及袁靖先生慨允与本人共同主编此书，也可看作是中国考古学学科转型期的一个重要表征。

在考古报告《二里头（1999—2006）》的编写过程中，袁靖先生和我的一个共识，就是痛感多学科合作解读考古信息还有"两张皮"的现象，深度整合还有很长的路要走。虽然意识到这个问题，但如何破题，尚有待探索。在本书章节拟定的过程中，袁靖先生就提出了极好的整合建议。从最初将"多学科专题研究"单列一章，到现在整合考古学文化分期和年代学测定研究，整合遗址环境气候变迁与存在状态的综合研究，整合各类人工遗物及人骨的多学科研究，以及对动植物的获取与利用的全方位研究，等等。这使得这部综合性的专著，较之数年前的考古报告《二里头（1999—2006）》，在多学科整合研究方法的探索上又上了一个新台阶。如果我们的努力和尝试，能为中国考古学的转型与发展尽些许微薄的助推之力，则我们至感欣慰。

这就是《二里头考古六十年》这本书从构思到问世的大致缘起以及我们的心路历程。本书从不同方面系统梳理了二里头考古六十年来所取得的田野考古发现与研究业绩。从研究对象及侧重点来看，又可将全书的主要内容归纳为六大领域，即分期与年代、聚落考古研究、遗迹研究、遗物研究、社会文化研究和遗址的保护与利用。我们希望能做一部好看好用的书。它的内容是系统全面的，叙述风格是述而不作的，信息处理方式上做了尽可能地尝试。结语对全书的内容有更凝练的总括，以方便读者速览概观。书后还附有"二里头遗址与二里头文化学术史年表""二里头遗址与二里头文化研究中文文献存目"。

说到述而不作，我们在大型考古报告《二里头（1999—

2006）》中就未提及二里头文化的古史性质问题，仅指出二里头遗址是探索夏商文化及其分界的关键性遗址。将相对客观的基础资料的刊布与主观色彩偏浓的阐释推断区分开来，是夏鼐先生主政中国社会科学院考古研究所以来确立的一项基本学术规范。新的二里头田野考古报告对二里头遗址与二里头文化古史属性问题的述而不作，也被认为是中国田野考古报告刊布上从注重阐释研究的取样型报告转向全面公布材料的资料型报告的一个缩影。在以聚落考古理念为基础的二里头文化田野考古工作取得突破性进展的前提下，将更多的精力转向以全面复原古代社会为主要目标的社会考古学探索，无疑代表了20世纪90年代中后期以来学界出现的一种新的学术取向和研究思路。《二里头考古六十年》延续了这一学术风格。

这部集成之作是众力成就的。值二里头遗址发现与发掘60周年之际，我们要向投身二里头遗址与二里头文化研究的所有田野考古工作者与研究者，致以崇高的敬意。没有他们，就没有这部书的问世。从这个意义上讲，这部书既是阶段性的总结之作，也是献礼之作和致敬之作。

60年间，数代考古人在二里头的耕耘虽取得了丰硕的成果，但我们在二里头遗址的发掘面积（4万余平方米）只有遗址现存总面积（300万平方米）的不到百分之二，二里头文化的总体面貌仍有深入揭示的空间。我们虽取得了重大的收获，但二里头遗址和二里头文化的神秘面纱，只是被揭开了一个角。近年，我们在国家有关部门和所属单位的部署下，制定了二里头遗址田野考古工作的中长期规划。覆盖整个遗址的系统勘探工作和田野考古数据库建设已在有条不紊地进行；重点发掘将从中心区推进到包括一般居住活动区在内的其他都邑功能区，以期对各时期的聚落有全方位的了解。田野工作将进一步精细化；除了对人工遗迹和遗物的形状特征进行研究之外，碳十四年代测定、环境考古、人骨考古、动物考古、植物考古、冶金考古、陶器和玉石器的科技考古等将对相关遗存进行深入研究，成果可期。

随着夏商周断代工程和中华文明探源工程的开展，关于二里头遗址与二里头文化的研究也方兴未艾。作为探索夏商文化及其分界的关键性遗址和考古学文化，二里头遗址与二里头文化成为相关学术讨论的焦点，由此引发的理论方法论探讨，相信有裨于中国考古学学科的健康发展。作为在中国古代文明史上占有重要地位的大遗址，二里头将在新时期面向世界的社会考古洪流中，彰显新的辉煌。

二里头考古60年，也是其从考古圈的象牙塔走向整个学界乃至公众的60年。从这个意义上讲，二里头又见证了中国学术与社会的长足发展。它从考古人的手铲之下，走进考古报告、走进学术论著，又由此起步，走进教科书、走进科普读物、走进网络，成为公众历史认知的一个组成部分。随着二里头遗址考古公园、遗址博物馆的建设开放，二里头也成为考古人回馈社会、回馈公众的一个重要平台。大力推动文化遗产保护工作，探索大遗址保护与民生发展双赢的新途径，也是新时代考古人的重要使命。任重道远，我们意识到了肩上担子的分量，也对后继有人的二里头田野考古与多学科研究乃至公众考古的未来充满信心。在可持续发展的理念下，二里头考古将谱写出新的篇章，为学界提供更丰富的研究素材、思路与镜鉴，为公众提供更富历史文化魅力的精神食粮。

（《中国文物报》2019年10月11日）

二里头考古见证学科大转型

今年，是偃师二里头遗址科学发掘60周年。一个大遗址的考古工作，既是中国考古学长足发展的重要组成部分，又是其转型嬗变的一个缩影。

目前，越来越多的学者接受了这样的学术史认知框架：中国考古学从20世纪20年代诞生至今，不到一百年的探索历史可以分为两大期，经历了物质文化史的重建和古代社会的复原两个阶段。中国考古学的研究重心以20世纪90年代中后期为界，由原来的建构文化谱系、描述文化过程为主的文化史研究，向人、社会、资源和环境及其相互关系为主的社会考古学研究方向转移。

这种转型，既与学科内部从考古资料积累起步、建构最基本的时空与文化谱系框架的基础作业到深入研究的渐进过程有关，又与国家前、后三十年从大体独立发展到融入全球化大潮的社会转型具有相当的同步性。

二里头遗址的田野考古工作起步于1959年，60年中的前40年（1959～1998年），建立起了以陶器为中心的文化分期框架，二里头文化一至四期的演变序列得到普遍认可。这是日后一切深入研究的基础。至于大型宫室建筑、铸铜作坊和贵族墓葬等高等级遗存的发现和揭露，则确立了二里头遗址作为早期大型都邑及以其为代表的二里头文化在中国早期国家、文明形成研究中的重要历史地位。

与此同时，在本土学者进行学术上的"寻根问祖"的研究实践中，有一种现象颇具兴味。那就是，在考古材料还相当不充分的情况下，考古学界将主要注意力集中在对这些发现的历史学解释上，集中于大型聚落与传世文献记载中的具体城邑，以及考古学文化与具体族属、王朝发展阶段的比附对应上。同时，在没有决定性证据出现的情况下，学者们随着新的考古发现与测年数据的不断推出而校正甚或改变观点，展开新的论战。其参与人数和发表学说之多，历时日之长，讨论之热烈，都远超其他学术课题，构成了20世纪下半叶直至今日中国学术史上罕见的景观。

自1999年秋季开始，二里头遗址新一轮的田野考古工作在理念与重心上都发生了重要变化，即将探索二里头遗址的聚落形态作为新的田野工作的首要任务。与此同时，通过细致的工作，为年代学、经济与生业形态、成分分析及工艺技术、地貌环境与空间分析等提供可靠样品与精确信息，积极深化多学科合作研究。注重聚落形态探索及多学科合作研究，构成了世纪之交以来二里头遗址田野考古工作与综合研究的两大特色。

在这一学术理念指导下，二里头遗址的田野工作取得重要收获，集中体现在基本廓清了二里头都邑的空间布局及其演变过程，确认了都邑中心区和一般居住活动区的功能分区；在中心区发现了成组的早期多进院落宫室建筑、井字形主干道网、车辙、晚期宫城及两组中轴线布局的宫室建筑群、大型围垣作坊区和绿松石器作坊、与祭祀有关的巨型坑和贵族墓葬等重要遗迹和珍贵遗物。进而，围绕二里头文化的聚落形态、技术经济、生计贸易、人地关系、社会结构乃至宏观文明进程等方面的探索研究都取得了长足的进展。

二里头遗址与二里头文化田野工作理念及重心的转变、综合研究中呈现出的新态势及考古报告编写模式的变化，都表明二里头文化遗址的发掘与研究正是中国考古学从物质文化史研究为主的阶段向社会考古学为主干的新阶段转型的一个缩影。在以聚落考古理念为基础的二里头文化田野考古工作取得突破性进展的前提下，将更多的精力转向以全面复原古代社会为主要目标的社会考古学探索，无疑代表了20世纪90年代中后期以来学界出现的一种新的学术取向和研究思路。这和国际考古学界的研究趋势是相一致的。

随着夏商周断代工程和中华文明探源工程的开展，关于二里头遗址与二里头文化的研究也方兴未艾。作为探索夏商文化及其分界的关键性遗址和考古学文化，二里头遗址与二里头文化成为相关学术讨论的焦点，由此引发的理论方法论探讨，显现出考古学人的科学自觉，相信将有裨于中国考古学学科的健康发展。作为在中国古代文明史上占有重要地位的大遗址，二里头将在新时期面向世界的社会考古洪流中，彰显新的辉煌。

（《人民日报》2019年10月19日，原题为《见证中国考古学的转型》）

娓娓道来

焦

点

二

里

头

揭开"华夏第一都"的面纱

　　地处中原文明的腹心地区——洛阳盆地的二里头遗址，位于今河南省偃师市境内。从东西方向看，洛阳盆地正处于黄土高原的东南缘，中国地势的第二阶梯和第三阶梯的过渡地带。盆地内是广袤的平原，山河拱戴，土地肥沃，气候温暖，物产丰茂，四方辐辏，自古被认为是"天下之中"，历来为兵家必争之地，帝王建都之所。相传周武王克商，得胜回师，在盆地东部一带偃旗息鼓，解散军队，休养民生，偃师即因此而得名。

　　二里头遗址就坐落于洛阳盆地东部、古伊洛河北岸的台地上，其西距汉魏洛阳故城约5公里，距隋唐洛阳城约17公里，其东北6公里处是偃师商城。遗址背依邙山，南望嵩岳，前临伊洛，后据黄河，地理形势十分优越。

　　自1959年二里头遗址发现以来，考古发掘工作持续不断，迄今已有40余年。遗址丰富的内涵不断给世人以惊喜，有众多的中国乃至东亚"之最"在这里揭晓。这里发现了迄今所知中国最早的大型宫殿建筑群、最早的青铜礼器群、最早的铸铜作坊……这里素有"华夏第一都"之称，是迄今可确认的中国最早的王朝都城遗址，1988年被国务院公布为全国重点文物保护单位。这一距今3000余年，兴盛了约300年的都城遗址是当时中国乃至东亚地区最大的城市，以其为典型代表的二里头文化则是东亚历史上首次出现的"核心文化"。因其存在时间和所处地域与古典文献中所载夏、商王朝大致对应，二里头遗址和二里头文化也成为探索中国早期王朝文明的重要对象。目前，学术界一般认为它应是夏王朝最后的都城，由于尚未发现当时的文字，这一问题仍是待解之谜。

近年，在这块热土上持续耕耘的我们，又发掘出了几个"中国之最"——最早的城市道路网、最早的宫城、最早的车辙痕迹、最早的绿松石器制造作坊，以及堪称"超级国宝"的早期龙形象珍品——大型绿松石龙形器。

探明中心区道路网

我是1999年接任二里头工作队队长的，那年恰好是二里头遗址发现与发掘40周年。我是第三任队长，也是第三代队长。前辈们的辛勤努力取得了丰硕的成果，奠定了良好的深入探索的基础。但如何站在前人肩膀上，深化对这样一个经长期工作又内涵复杂的大遗址的认识，是摆在我们面前的极艰巨的任务。当时的我，有一种站在舞台的聚光灯下被无数关注的目光"烤"着的感觉。

我们将探索二里头遗址宫殿区的结构布局作为新一轮田野工作的重点。这一思路与我的学术背景有关。我攻读博士学位的研究方向是城市考古学，学位论文《先秦城市考古学研究》就是在城市考古专家徐苹芳教授的指导下完成的。对于一个从事中国早期城市考古研究的学者来说，二里头遗址实在是一个实现学术设计的极佳平台。

无论古今中外，道路都是城市的"骨架"和动脉，且常常具有区划的功能。鉴于此，考古学家往往以道路为切入点来探究城市遗址的布局框架。在对二里头都邑布局的探索中，我们也深切地意识到中心区主干道的意义，因此对主干道的探寻就成为田野工作的重中之重。大家都知道，考古学家最主要的工作是发掘。发掘又分为两种：一种是野外工作中对古代遗存的直接发掘；一种则是在前人已有的成果中进行再"发掘"，发现那些对今后的工作有益的线索。宫殿区的大路就是我们在二里头工作队以往的勘察记录中"发掘"出来的。

根据勘探记录，我队在1976年钻探发现2号宫殿基址的同时，在其东侧钻探出一条南北向大路，当时已追探出200余米，因冬季麦田浇水而中止。20余年后，当我在二里头考古队捧读已经发黄的记录和图纸中的这一线索时，兴奋之情难以抑止。我预感到这条大路是揭开二里头都邑宫殿区布局的一把钥匙。

2001年秋季，我们循此线索继续追探，短短的几天里不断向南北推进，最终确认这条大路的长度接近700米，路的北端被晚期堆积打断，向南伸进新庄村，实际长度要更长。大路宽一般在10余米，最宽处达20米，参加工作的同仁戏称其已达到现代公路四车道的标准。这一纵贯遗址中心区的大路给宫殿区布局的探索带来了曙光。在我们钻探的过程中，有老乡告知他家的地里小麦长得不好，依田野考古的常识，这可能是因为地下有质地致密的夯土建筑基址，导致土壤结构异常所致。我遂派人去钻探，发现庄稼长势不好的地块位于著名的2号宫殿基址西北约200余米处，钻探结果又令我们大喜过望。阻碍地下水下渗的遗迹不是夯土建筑，而是坚实的路土，顺藤摸瓜地追探，居然是一条东西向的大路，向东延伸，与宫殿区东侧的南北向大路垂直交叉，主干道的"十字路口"找到了！最后，确认这条大路的长度达300余米。

这两条大路把早年发掘的2号宫殿基址，以及20世纪70年代普探发现的30余处夯土遗存中规模较大的5处（400平方米以上）都围于其内，分布于两条路以东以北的夯土建筑则规模较小。显然这两条大路应当具有区划的作用，它们应位于宫殿区的东侧和北侧。可以肯定的是，位于2号宫殿西南100余米的、规模最大的1号宫殿基址也应在宫殿区的范围内。于是，我们把探索宫殿区南侧大路的目光移到了1号宫殿基址以南。采取拦截法纵向布设探孔，又找到了围绕宫殿区的第三条大路，以及宫殿区东南部的大"十字路口"。

2004年，我们又在1号宫殿基址西墙外，确认了宫殿区西侧大路的存在，大路的北段已被"大跃进"年代的取土坑彻底破坏。至此，二里头都邑中心区纵横交错的道路网重见天日，其布局上极强的规划性给人以深刻的印象。同时，它的初步探明也为进一步探寻宫殿区的防御设施提供了重要的线索。

发现最早的"紫禁城"

在探寻中心区道路网的同时，我们对宫殿区东部的大型宫殿基址群做了大规模的揭露。发掘确认在二里头文化晚期阶段，宫殿区东部分布着一组数座南北排列的大型建筑基址，2号宫殿基址是其中的一个组成部分。这些建筑遗存保持着统一的建筑方向和建筑规划轴线，布局上相当讲究章法。这组建筑基址的下面，还分布着若干相当于二里头文化早期阶段的大规模宫殿建筑，这是迄今所知中国最早的宫殿建筑群。

就在这批宫殿基址发掘的过程中，我开始考虑下一个探寻目标——宫殿区的防御设施。我在做博士学位论文时梳理过中国早期城址的资料，逐渐形成了这样的认识：具有权力中心功能的中国早期城市，其外围城垣的有无在东周时期以前尚未形成定制，但作为统治中枢、王室禁地的宫殿区却不应是开放的。因此我相信二里头都邑宫殿区应该有防御设施存在。而就目前的线索看，我们当时正在做工作的宫殿区东部的2号宫殿一带最有可能搞清防御设施的有无这一问题。我们从2号宫殿东墙开始向外横向钻探，得知其外侧紧临大路，大路以外只见有中小型夯土基址，因此可以肯定2号东墙及其外的大路即是宫殿区的东部边界。而二者之间已不可能有墙、壕之类防御设施存在。鉴于此，我做了这样的推测：如宫殿区围以垣墙，那2号宫殿基址的东墙有可能就是宫城城墙。同时，验证这一设想的方案已成竹在胸。

2003年初，在向我所（中国社会科学院考古研究所）和国家文物局递交年度发掘计划时，我把对宫殿区防御设施的探寻作为一个重要工作项目提出，立下的"军令状"是：通过最小限度的发掘确认防御设施的有无。在二里头遗址这样延续数百年且遭后世严重破坏的大聚落上，钻探仅能提供些微线索，而无法解决全部问题。鉴于二里头遗址发掘40余年来的多次钻探中均未发现宫城城垣的线索，我推测即使宫城城垣存在，其夯筑质量和保存状况肯定较1、2号宫殿基址差，以致难以辨识。对2号宫殿基址东墙是否即为宫城东墙的最简单的验证方法是，先揭开2号基址东北角，看看2米宽的东墙夯土是否继续向北延伸。

2003年春季，发掘工作按这一思路开始实施。当在新开的探方中，与2号宫殿东墙完全一致的条状夯土果真像上述推想那样向北笔直地延伸时，你可以想见一个考古工作者的暗喜。为什么只能暗喜呢？因为这还不能排除它是2号基址以北又一处院落的围墙。那就要看其在2号宫殿东南角以外是否也向南延伸。于是我又安排揭开2号基址东南角及其以南区域，在2号基址东墙南向延长线上开解剖沟，一来了解宫殿区东侧大路的结构与年代，二来在此"拦截"可能南伸的夯土墙。在肆虐全国的"非典"到来前夕、当年"全国十大考古新发现"揭晓之际，我临时有事回北京，在与我的老同学——山东省考古研究所副所长郑同修举杯同庆他们的"日照海曲汉代墓地"项目入选"十大"之时，我仍按捺住已撩拨起的兴奋心情，只向其透露了这种可能性。当我不顾越来越凝重的"非典"阴霾，急切地返回工地，得知同样是2米宽的夯土墙继续向南延伸的时候，欣喜之情才溢于言表。伴随突发事件的复杂心灵感受与面临突破性发现的兴奋心情交织在一起，构成了2003年春我的心路历程。我甚至要感谢"非典"，当时中国农村的"严防死守"让我们减掉了许多惯常的应酬，可以更专心于扩大我们的战果。于是向北向南一路追探，以钻探为先导，每隔30米~50米开探沟解剖确认。这样，到了5月下旬，这道夯土墙可确认的长度已近300米，可以肯定属宫城城垣无疑，而2号宫殿基址就是依托宫城东墙建成的。"非典"过去，中国最早的宫城遗存重见天日，这是当年夏季我40岁生日来临之际最值得庆贺的事。

2003年秋至2004年春，我和队友赵海涛率全队技工又乘胜追击，一举发现了保存完好的宫城东北角，确认宫城东墙长300余米、北墙残长约250米、西墙和南墙分别残长100余米。至此，一座总面积达10.8万平方米的宫城被揭示了出来。这座呈纵长方形、始建于距今约3700年以前的宫城形制方正规整，虽然面积仅是明清紫禁城的七分之一左右，却是后世中国古代宫城的鼻祖。

廓清王都布局的意义

在以往论及中国古代城市规划的论著中，对于二里头遗址聚落总体状况的介绍和分析都是从简处理的。1号、2号宫殿基址，铸铜作坊遗址和贵族墓葬等重要遗存珠玑般散落于这一大型都邑遗址上。如果说在中华文明探源研究中，二里头遗址是一个已知点，但作为中国文明与早期国家形成期的大型都邑遗存，其总体聚落面貌、其所应有的都邑布局的规划性则一直乏善可陈。这一拥有我国最早的大型宫殿基址群、最早的青铜礼器群和铸铜作坊，迄今为止可以确认的我国最早的王朝都城遗址，究竟是松散的聚落还是经严整规划的都邑？

围绕这一问题，近年有一系列的考古发现：

如前所述，它的中心区有作为城市之"骨架"的纵横交错的道路网，大路宽阔平坦，由二里头文化早期至晚期阶段长期延续使用，宽度达10余米至20米。这是迄今所知中国最早的城市道路网。它的宫殿区围以方正规矩的城垣，宫城略呈纵长方形，面积逾10万平方米。这是迄今所知我国最早的宫城遗存。

此外，宫城、大型建筑以及道路都有统一的方向，方向南略偏东。宫城内已发现两组大型建筑基址群，它们分别以1号、2号宫殿基址为核心，都有明确的中轴线。这是迄今所知中国最早的带有中轴线规划的大型建筑群。

由是可知，二里头遗址是一处经缜密规划、布局严整的大型都邑。应当说，上述考古学现象的存在及这一结论的得出并不出乎我们的意料。作为权力中心的中国早期都城属于政治性城市，它可以没有城墙（其有无取决于当时的政治、军事形势，战争的规模与性质乃至地理条件等多种因素），但绝不能没有规划性。可以认为，规划性是中国古代城市的一个重要特征。以往对二里头遗址是否属于城市的疑问，在相当程度上是由于展现在学术界面前的这处遗址所显现的只是一些杂乱无章的遗存的堆砌，而看不出王都所应有的规划性。二里头都邑规划性的判明，对于探索中国文明的源流具有重要的标尺性意义。

此前，布局严整的大型都邑的例证只能上推至相当于二里岗文化早期的偃师商城。现在，我们知道偃师商城都邑营建制度的许多方面都可以追溯至二里头遗址。如方正的宫城、宫城内多组具有中轴线规划的建筑群、建筑群中多进院落的布局、建筑技术的若干侧面（如大型夯土台基的长宽比例大体相近，表明当时的宫室建筑已存在明确的营造规制）等。就目前的认识而言，延续了三千多年的中国古代王朝都城的营建规制，是发端于二里头遗址的。

如果我们把视野再移向二里头遗址所处时代以前，可知即便像山西襄汾陶寺、河南新密新砦遗址这样的超大型聚落，其城壕的建造开掘无不是因地制宜，不求方正，迄今尚未发现集中而排列有序的大型夯土基址群及环绕它们的规矩方正的宫城。相比之下，二里头遗址的聚落形态与陶寺、新砦等超大型围垣或环壕聚落间有着飞跃性的、划时代的变化，而与郑州商城、偃师商城及其后的中国古代都城的面貌更为接近。因此，二里头遗址是迄今可以确认的最早的具有明确规划，且与后世中国古代都城的营建规制一脉相承的都邑。从这个意义上讲，二里头遗址的布局开中国古代都城规划制度的先河。

宫殿区内的贵族墓

在"2004年度十大考古新发现"评选汇报会上，二里头遗址2002年发掘的贵族墓中出土的一件大型绿松石龙形器引起了与会专家和公众的极大兴趣。这是中国早期龙形象文物的又一重大发现。这条碧龙"生存"在怎样的环境中，为什么迟至2004年才"浮出水面"呢？

话题还要先回到数年前。

2001年秋开始，我们在二里头遗址宫殿区东部揭露出相互叠压的二里头文化大型建筑基址群。在相当于二里头文化晚期的2号和4号建筑基址下，发现了规模更大、结构更为复杂的3号建筑基址，这是一座（或一组）多院落的大型建筑，其主体部分至少由3重庭院组成，时代则相当于二里头文化早期（第二期）。我们的工作方法是只揭露到最上层的建筑基址的表面，清理打破基址的晚期遗迹如墓葬、灰坑等，利用这些遗迹的剖面来观察早期建筑和其他遗迹的情况，至于建筑的院落则只清理到踩踏面。

2002年4月上中旬，发掘工作在紧张有序地进行中。一天上午，年轻队友李志鹏（偃师商城工作队队员，当时来我队协助工作）走到我身旁，压低了声音说："许老师，出铜器了！"我赶忙和他来到他负责的探方，这个探方中有一座很大的二里岗上层时期的灰坑，灰坑打破了2号和4号建筑基址之间的路土和垫土，并穿透了其下叠压着的3号建筑南院中的路土。灰坑已基本清毕，刚才李志鹏在刮灰坑的坑壁剖面时，发现有铜器露头，他赶忙又用土盖好，向我报告。我们仔细剥去表面的覆土，一件饰有凸弦纹的铜铃的一角露了出来，阳光下青铜所特有的绿锈惹人心动。近旁还有人骨露头。

这应是一座身份较高的贵族墓！被灰坑破坏的只是其一部分。我马上让他再盖好，先扩大发掘面积，寻找墓葬范围、确认其开口层位。考虑到在工地上协助发掘的民工已知此事，决定安排人在工余时间不间断看守，直至最后清理完毕。保护好文物的沉重的责任感甚至盖过了发现的欣喜。

经仔细观察，墓葬开口于二里头文化早期大型建筑——3号基址南院的路土层之间，说明墓葬系该建筑使用期间埋设的。因此，我们在墓葬正式清理前，已可确认其属于二里头文化早期（第二期）。自1959年首次发掘以来的40余年间，二里头遗址出土青铜器的第二期墓葬仅发现过1座。而且，根据以往的经验，出有铜铃的墓一般同出嵌绿松石铜牌饰及其他一些重要的玉、漆、陶礼器。在这座墓发现前后，我们在该墓所在的3号建筑基址的南院和中院先后发现了建筑使用时期埋设的数座贵族墓，这些墓葬成排分布，间距相近，方向基本相同。尽管多遭破坏，这些墓葬还是出土了不少随葬品。这是二里头遗址发掘40余年来首次在宫殿区内发现的成组贵族墓。成组高规格贵族墓埋葬于宫殿院内的现象，对究明这一建筑的性质和二里头文化的葬俗具有重要的意义。其中，3号墓又是这些墓葬中最接近3号建筑基址中轴线的一座，它的规格很可能高于以往在宫殿区周围甚至它近旁发现的同类墓。

我们把这座墓编为2002VM3（即2002年第V工作区第3号墓）。墓葬为近长方形的竖穴土坑墓，墓的方向接近正南北向。在揭开墓葬上面所叠压的路土层后，我们得知这座墓的长度超过2.2米，宽度达1.1米以上，残存深度为半米余。不要小看了这墓的规模，如果与后世的达官显贵的墓葬相比，它实在是小得可怜，但在二里头时代，它可是属于迄今已发现的最高等级的墓（我们目前还没有发现王一级的墓葬）。要知道，二里头遗址发掘40余年以来，已发掘的二里头时期的墓葬总数达400余座，但墓圹面积超过2平方米（即大体为2米长、1米宽）的贵族墓却仅发现了9座。所以，这座墓值得我们期待的很多！

前述的二里岗文化时期的大灰坑打破了墓的西南部。墓主人侧身直肢，头朝北，面向东，部分肢骨被毁。后来经我所体质人类学家鉴定，墓主人是一名成年男子，年龄在30～35岁之间。墓底散见有零星的朱砂（这种红色矿物质是二里头贵族墓中的常见之物，一般认为应与宗教信仰有关，同时是身份等级的标志物），没有发现明确的棺木的痕迹。

墓内出土随葬品相当丰富，包括铜器、玉器、绿松石器、白陶器、漆器、陶器和海贝等，总数达上百件。墓主人头骨上方发现3件白陶器，呈品字形排列，2件顶面朝上，1件顶面朝下，可能为头饰或冠饰的组件。白陶器呈斗笠状，顶部圆孔处各有一穿孔绿松石珠，估计原来应该有丝带类的有机物把二者连缀起来。白陶器是二里头文化早期的贵族用器，但斗笠状器却属首次发现，也不见于以往在宫殿区周围发现的贵族墓。墓主人头部附近发现一件鸟首玉饰，其风格酷似长江中游一带的石家河文化的同类器，有的学者甚至认为其就是典型的石家河遗物而非仿制品。头骨近旁发现2枚较大的穿孔绿松石珠。大量海贝置于墓主人的颈部，数量超过90枚，每个上面都有穿孔，上下擦压，局部呈花瓣状，应该是颈部的串饰，即"项链"。这种海贝称为子安贝，仅产于南海、印度洋及以南地区。玉器和海贝之类远隔上千里乃至数千里以外的珍罕品出现于二里头都邑宫殿区内的贵族墓中，是一件颇耐人寻味的事。唯一一件铜器即李志鹏最早发现的铜铃，放置于墓主人的腰部，铃内有玉质的铃舌，铜铃表面黏附一层红漆皮和纺织品的印痕，下葬时应以织物包裹。漆器的种类和数量较多，见于墓内四周，而以墓主人左侧最为集中，可以辨认的器形有饮酒器觚、钵形器和带柄容器等。陶器有酒器爵、封顶盉、象鼻盉，以及作为炊器和盛食器的鼎、豆、尊、平底盆等共10余件，这些器物都被打碎，放置于墓主人身旁。

在另外几座贵族墓中，还出土了玉柄形器、印纹釉陶器（或原始瓷）以及成组的蚌饰等珍贵遗物，其中也不乏首次发现者。

神秘的大型绿松石器

发现3号墓的当晚，我们即开始布置对墓葬进行"一级守护"。当时我手下有3名年轻队友（我队的陈国梁和外队来协助工作的李志鹏、唐锦琼）以及4名技工，正逢山东大学历史文化学院考古系的研究生和本科生共9人来队实习，可谓兵强马壮。同学们听说要为了这一重要发现通宵值班，都非常兴奋，主动请战，连女生也不甘示弱，跃跃欲试。

我们安排"两班倒"，上半夜一拨，包括女生，下半夜则全为男性。我们又从邻近的圪垱头村借来一条大狼狗，把我们的"大屁股"北京吉普2020开去，车头对着黑魆魆的墓穴，隔一会儿用车灯扫一下。上半夜还比较"浪漫"，大家说说笑笑，数着星星，贪婪地嗅着晚春旷野上散发着麦香的空气。有男生还不时吼上一两句粗犷的民谣。下半夜则比较遭罪，4月中旬的夜晚，昼夜温差很大，在野地里要穿大衣。大家索性不睡，蜷曲在车里打牌，用一床大棉被合盖在几个人的腿上，被上放牌。大家戏称是为二里头贵族"守夜"。墓葬邻近圪垱头和四角楼村之间的土路。每有行人和车辆经过，大家都很警觉。

3号墓的清理紧张而有序地进行着。在墓主人的骨骼显露之前，已经有一些靠上的器物开始露头，其中就包括细小的绿松石片。我们对绿松石片的出土并不惊奇，如前所述，根据以往的经验，它应该是嵌绿松石牌饰的组件。但随着揭露面积的扩大，我们开始意识到"遭遇"了前所未有的发现。

绿松石片从墓主人的肩部开始，直到胯部一带，断续分布，总长超过70厘米。要知道，迄今为止在二里头遗址及中原周边地区发掘出土或收集到的，以及藏于世界各大博物馆或私人收藏家手中的镶嵌牌饰仅10余件，其绝大部分长度都在15厘米左右，最大的一件异形器的长度也只有20余厘米，而且其一般都有铜质背托。3号墓的绿松石片则分布面积大，且没有铜质背托。墓主人肩部一带的绿松石片位置较高，较为零星散乱，我们推测系棺木腐朽塌落时崩溅而致，因而对其保存状况并不抱十分乐观的态度。位于墓主人腰部附近，以及胯部一带的绿松石片则相对保存较好，有些还能看出由不同形状的绿松石片拼合而成的图案。这颇令我们激动，以往在龙山时代到二里头时代的贵族墓葬中就曾有大量的绿松石片集中出土，这些绿松石片原来都应是粘嵌于木、皮革或织物等有机物上的，但出土时大多散乱而无法复原其全貌。散乱的原因除了棺木朽坏时为墓葬填土压塌外，也不排除清理者缺乏整器的概念或清理经验而导致其"只见树木不见森林"。因此，3号墓的这一发现弥足珍贵。但绿松石片极为细小，每片的大小仅有数毫米，厚度仅1毫米左右。清理起来极为困难，稍不留意，甚至用嘴吹去其上和周围的土屑都可能使绿松石片移位。而一旦有较大面积的移位，将使以后对原器的复原成为不可能。

　　我意识到这样不行，清理得越细越不利于今后的保护和复原。于是紧急向我所科技中心求援。我所科技中心对易损文物的清理复原保护工作在文物考古界素享盛誉。电话打给了科技中心文物修复保护组组长李存信技师，讲明情况后，李存信表示即便他们赶赴现场，因条件限制也很难在极短的时间内完好地揭取出来，最好是先整体起取，运回室内，再按部就班地清理。

　　那就这么办！夜以继日地看守和清理，已使大家人困马乏。文物在田野中多放一天就意味着多冒一天的风险。何况，最重要的是一定要把这件珍贵文物妥善地保存下来。于是，我们改变战略，停止对大型绿松石器的细部清理。同时抓紧时间清理其他遗迹遗物，照相、摄像、记录、绘图。对于绿松石器，仅在平面图上标示出已知的大致轮廓。另一拨人则准备木板、绳子、钢丝、石膏等备品，准备整体起取绿松石器。

　　在按照田野操作规程获取了墓葬的基本数据材料后，我们开始整体起取大型绿松石器。当然，最为理想的是将整座墓全部起取，但依当时发掘现场的条件是不可能的。起取体积越大，其松动的可能性就越大，何况偌大体积的土的重量也是我们无法解决的问题。最后，我们把墓主人颈部的海贝串饰也纳入了整体起取的范围，即从墓主人的下颌部（头骨在发掘前已被压塌）取至骨盆部。好在墓以下即为生土（未经人类活动扰动过的土），将下部和周围掏空，塞以木板，周围套上已钉好的木框，再在木框与土之间填以石膏浆，上部精心加膜封盖。然后用钢丝捆好木箱。这一长1米余、宽近1米的大箱，由6个小伙子抬都十分吃力。它被抬上了吉普车，送回位于二里头村内的我们考古队的驻地。忙活完之后，已是发现铜铃的第四天晚上九点半了。

到了住地，放在哪儿又成了问题。因为木箱内还有铜铃，恐怕会成为窃贼的目标。抬到二楼太困难，而一楼除了我的卧室兼办公室和值班室外都无人住。于是有技工建议道："队长，还是先放到你屋里吧！"也只好这样了。20余年的考古生涯，我已不介意与我们的研究对象——数千年前的死者"亲密接触"。就这样，这个二里头贵族与盖在他身上的那条绿松石龙与我"同居"了一个多月，直到它被运到北京。

碧龙惊现"第一都"

与李存信商量的结果，他说在北京他的工作室清理可能比在我们队里做要好。可也是，他清理绿松石器需要的各种工具和物品，要么得从北京专门带来，要么得我们开车去洛阳买，还不一定能买得到。在请示了考古所和研究室领导后，我开始安排把大木箱运回北京。那时已是2002年的7月。我当时在北京，押运的任务自然落到了当时唯一的队友陈国梁身上。陈国梁与队里技工们一起，用我队的吉普车把大木箱及几个整体起取漆器的小木箱安全地运到了北京。一直在考古所等候的我，直到安排把木箱放进科技中心的大房间内才长长地出了口气。

科技中心的工作千头万绪，既要完成所内的工作，又有许多兄弟单位的不时之请。李存信答应尽快处理我们的"宝贝"。但随后就是2003年春的"非典"，我们的大木箱也就一直静静地躺在那里，等待着这件国宝的重见天日。

2004年夏天，李存信开始揭开箱盖进行清理。从小心翼翼地剔凿去石膏，一直到总体轮廓出来，颇为不易。到了8月份的一天，李存信打电话给我，说有一定的轮廓了，保存得还不错。我急忙赶了过去，当看到我们为之付出了艰辛努力而保下来的这件宝贝，居然是一条保存相当完好的大龙，顿感此前一切丰富的想象与推断都变得黯然失色。当你从上面俯视这条龙时，你感觉它分明正在游动；当你贴近它硕大的头与其对视时，它那嵌以白玉的双眼分明也在瞪着你，仿佛催你读出它的身份。就这样，一件大型绿松石龙形器逐渐"浮出水面"。

此后，我和队友赵海涛经常去清理现场，提供背景资料，与李存信商量如何一步步地处理及收集记录各种信息。后半段，我又从队里调来了一名技工，协助清理并负责绘图。

所里的领导来了，老专家来了，大家都很兴奋，有人将其誉为"超级国宝"。经历了两年多的期盼，现在，我们可以一睹其"庐山真面目"了。

这件龙形器放置于墓主人的身上，由肩部至髋骨处，与骨架相比略有倾斜，头朝西北，尾向东南。由2000余片各种形状的绿松石片组合而成，每片绿松石的大小仅有0.2厘米～0.9厘米，厚度仅0.1厘米左右。绿松石原应粘嵌在木、革之类有机物上，其所依托的有机物已腐朽，仅在局部发现白色灰痕。全器整体保存较好，图案清晰可辨，仅局部石片有所松动甚至散乱。由铜铃在龙身之上这一现象看，可以排除龙形器置于棺板上的可能。又据以往的发现，铜铃一般位于墓主人腰际，有学者推测应置于手边甚或系于腕上，联系到墓主人侧身，而绿松石器与其骨架相比上部又略向外倾斜，这件龙形器很可能是被斜放于墓主人右臂之上而呈拥揽状。

绿松石龙形体长大，巨头蜷尾，龙身曲伏有致，形象生动，色彩绚丽。龙身长64.5厘米，中部最宽处4厘米。龙头置于由绿松石片粘嵌而成的近梯形托座上。托座表面由绿松石拼合出有层次的图案，多处有由龙头伸出的弧线，似表现龙须或鬣的形象，另有拼嵌出圆孔的弧形纹样。

龙头隆起于托座上，略呈浅浮雕状，为扁圆形巨首，吻部略微突出。以三节实心半圆形的青、白玉柱组成额面中脊和鼻梁，绿松石质蒜头状鼻端硕大醒目。玉柱和鼻端根部均雕有平行凸弦纹和浅槽装饰。两侧弧切出对称的眼眶轮廓，为梭形眼，轮廓线富于动感，以顶面弧凸的圆饼形白玉为睛。在半圆形玉柱的底面发现有白色和浅黄色附着物，可能是黏接剂的痕迹。

龙身略呈波状曲伏，中部出脊线，向两侧下斜。由绿松石片组成的菱形主纹象征鳞纹，连续分布于全体，由颈至尾至少12个单元。龙身近尾部渐变为圆弧隆起，因此更为逼真，尾尖内蜷，若游动状，跃然欲生。

距绿松石龙尾端3厘米余，还有一件绿松石条形饰，与龙体近于垂直。二者之间有红色漆痕相连，我们推测此物与龙身所依附的有机质物体原应为一体。条形饰由几何形和连续的似勾云纹的图案组合而成。由龙首至条形饰总长70.2厘米。

这一大型绿松石龙形器，其用工之巨、制作之精、体量之大，在中国早期龙形象文物中都是十分罕见的，具有极高的历史、艺术与科学价值。

龙头部为何有一个略呈矩形的托座，说来还有一个认识过程。从绿松石龙头部清理出来后，我们就对此百思不得其解。2004年秋季，二里头遗址持续发掘，工余时间我又开始端详起绿松石龙的照片。如前所述，绿松石龙形器在出土前既有多处石片松动或散乱，应是棺木塌落时受压变形，龙头部位就有些因石片错位而导致图案不清。托座上的图案究竟表现了什么样的含意呢？这一问题一直萦绕于脑际。于是翻检相关的材料，试图能找到某些启示。一日凭印象查找曾看过的一件出土于河南新密市新砦遗址陶器盖上的刻划兽面纹。再次看到这一兽面纹，不禁连连感叹其与绿松石龙头太像了！你看那面部的轮廓线、梭形眼、蒜头鼻子，甚至连鼻梁都是相同的三节，简直如出一辙！最具启发性的是从新砦兽面伸出的卷曲的须鬣，让我们茅塞顿开。托座上那一条条由龙头伸出的凹下的弧线，展现的不正是用绿松石难以表现的龙须或龙鬣的形象吗？

新砦陶器盖上的兽面纹与绿松石龙之间的相似性，还有更深一层意义。目前学界普遍认为以新砦遗址为代表的遗存，是由中原龙山文化向二里头文化演进的过渡期文化，可以看作是二里头文化的前身。当然这一认识主要是来源于以陶器为主的文化因素的比较。而陶器盖上的兽面纹与绿松石龙表现手法的高度一致，则从宗教信仰和意识形态上彰显了二者密切的亲缘关系，也可以说给绿松石龙找到了最直接的渊源与祖型。

至于以往出土的二里头文化时期或稍晚的嵌绿松石铜牌饰上的图案，则大部分应是绿松石龙尤其是其头部的简化或抽象表现。因此，绿松石龙又成为解读嵌绿松石铜牌饰这一国之瑰宝的一把钥匙。

总体上看，位于宫殿区内、最接近所在建筑的中轴线，且出土大型绿松石龙形器的3号墓的墓主人，其身份也要远高于随葬铜牌饰的墓主人。绿松石龙形器或嵌绿松石铜牌饰都与铜铃共出，随葬这两种重要器物的贵族，其身份是否与其他贵族有异，如是，他们又是些什么人呢？是乘龙驾云、可以沟通天地的巫师吗？龙，是中华民族神圣的图腾，并不专属于某一族系，因此，尽管文献上有不少夏人与龙关系密切的记载，但它们的出土还是无法确证二里头文化肯定就是夏文化。新的考古发现在不断地提供解决问题的线索，同时又提出更多新的问题，引发我们不断地去思考、去探索。而这，正是考古学的魅力之所在。

（原题为《"华夏第一都"——河南偃师二里头遗址宫殿区》，《中国年度十大考古新发现·2004年卷》，生活·读书·新知三联书店，2006年）

从徐旭生先生"夏墟"调查说开去

2019，注定是二里头不平凡的一年。从1959年徐旭生先生的夏墟调查，到2019年二里头夏都遗址博物馆的建成开放，整整一甲子。2019，也是许宏先生的总结之年和转型之年，用他的话讲：田野考古工作将告一段落，之后会有更多的写作安排。目前，近年二里头的发掘报告已交给赵海涛老师率队整理，集成性专著《二里头考古六十年》、大型考古调查报告《洛阳盆地中东部先秦时期遗址》即将出版。

谈到将来，许宏说《先秦城邑考古》在数年后会有所扩充，三联书店主推的"解读早期中国"系列还会有新成员加入，《东亚青铜潮：前甲骨文时代的千年变局》最近又有新进展，有望尽快交稿。应多家出版社邀约，他也会和编辑一起选题。许宏希望像德国学者策拉姆写《神祇、陵墓与学者》，何伟（Peter Hessler）写《甲骨文》（Oracle Bones）一样，打通古今，又结合自身经历，写一些公众喜欢读的东西："只有我自己才能写出的，而非谁都可以写的东西，才是值得一写的。"

"这20年我认为自己的人生轨迹是圆满的，每个人都是'生也有涯'、精力有限的，不可能在自己任内的20年间把所有的问题都解决清楚。我们本来就是站在前人的肩膀上，有了一定的成绩和收获，这些又可以作为后人探索的基础，这是我感到比较欣慰的，我们其实起到的是铺路搭桥、增砖添瓦这么一个作用。回首安阳第一代考古人的工作，有时会想这些个'四合院'如果让我们来发掘，怎么可能挖的'支离破碎'？！但若没有他们的筚路蓝缕，哪有我们今天的认知和技术水平！我们应时刻压抑住自己的好奇心，尽管考古要保持好奇心。要相信后代比我们更聪明，多给他们留点东西吧，二里头将在他们手里有更大的辉煌。"

为纪念二里头遗址考古发掘一甲子，澎湃新闻（www.thepaper.cn）专访了中国社会科学院考古研究所二里头工作队的许宏研究员，请他为大家讲述二里头的发现史。由于篇幅较长，分两部分展开。

澎湃新闻：徐旭生先生被誉为"夏史探索的总设计师""考古寻夏第一人"等，但在种种光环加持下，徐先生似乎是一个"被遗忘"的学者，造成这种现象的原因是什么？

许宏：我觉得还是当代人的高度不够。李旻教授的《信而有征：中国考古学思想史上的徐旭生》高屋建瓴，可以细读。李老师有欧美留学背景，能上升到哲学和思想史的层面去分析，徐旭生先生本就是哲学出身，他的思想深度是我们把握不够的。而谈徐先生须从大的学术史乃至社会史的角度入手，不能仅限于考古。徐先生是通才，有很多独特的贡献。

我对中国学术史的发展脉络有一个总体认知：学术史并不是单线演进的。百年以后，方可做这样的大分期。

第一代学人，其高度是后人难以企及的。他们正好处于西风东渐、社会板荡、思想变革的年代，他们一直在思考中国命运的大问题。这代学人学贯中西，如徐旭生、李济、梁思永先生（我把夏鼐先生往后归），属觉醒的一代。第一代学人从一开始就站在了世界学术界的最前沿，整个层次高度就不一样。20世纪10~20年代，徐旭生、李济等先生学成归国，也就是从那时起，到40年代可称之为第一代学人。

第二代学人，活跃或成长于中华人民共和国成立后的前30年（20世纪50年代初到70年代末），这30年整个学科当然有重大的收获和进展，但由于社会形势和国际关系，导致我国学界和外界基本没什么来往，相对封闭的氛围导致包括学界在内的很多领域都受到很大影响。民族主义、修国史成为主要路数，学者们更为关注自身探索，甚至自说自话，缺少一个参照系。在这种情况下，"中国学派"的声音开始出现。但夏鼐先生这种早期海归对此是提出严重质疑的，最近也有学者评价道：只研究当代中国境内的考古，就可以构成一个学派吗？那么由此类推，一个国家就有一个考古学派了。一个学派是一学科内有自己独特认识论和方法论的学术派别，如历史学的年鉴学派。与"民族精神"无关，与人类发展（过去、现在、未来）有关。如果我们要说一个学派，其特殊性一定要在比较的前提下才能获得、才能成立，但提出这种观点的人恰恰是基本上只作中国学问的学者。

譬如考古类型学有分型分式，型是横向概念，即不同的型具有共时性和并存关系，式则是纵向发展的阶段性。但我们现在跟外界比较，把中国当成一个"型"了。即本来是"式"（时段和发展程度）的差别，现在包装成型（共时性）的差别了。现在有些资深学者、学术大家讨论的话题，是半个世纪前欧美学者早已经讨论过的。比如现在我们谈的考古学文化，已开始被扬弃，甚至解构了。考古学文化的概念虽不能不用，但要知道那是顺应物质文化史的研究而建构的，对于目下全方位的、追求深广研究的社会考古而言显然偏于粗疏，所以我一直呼吁聚落本位的精细化的研究。除却自然科学手段和一些设备之外，我们要说跟欧美学界在理念、学术水平、思考方式等方面有三四十年的差距，就已不算谦虚了。这种不同，究竟是型的差别还是式的差别？这是我许宏之问。

考古学首先是发现之美，然后是思辨之美，思辨之美更高更美。30多年前提出中国考古学的"黄金时代"。可现在回过头看，那不就是考古发现的黄金时代么？在研究理念和思维模式上是否有所超越？当然一代人有一代人的念想，我们不可苛责于前代学者，大家都是一步一个脚印走过来的。客观地讲，外在环境使然。

第三代学人，如赵辉、栾丰实老师和包括本人在内的一些考古学人已开始呼吁中国考古学的转型，由文化史为重心的研究转向全方位的社会考古。但更多的田野考古与研究的践行者是年轻人，他们有更多中外交流的机会，英语等外国语通达，有自身的一些思考，但他们还没有话语权。我认为这是一个过渡期，真正的学术高峰还要假以时日。

现在我们这代学人更多的价值在于一种文化呼吁，呼吁中国考古学的转型。我们要变，我们在变，不过目前在学界还没有形成共识，说明我们处在转型期，纷纷扰扰的夏商之辩就很能说明问题。二里头的第一任队长、第二任队长聚焦在什么是夏、什么是商的明确认知上，或是赵芝荃先生的从先商后夏到基本为夏，或是郑光先生以不变应万变的商都说，都可以看成中国考古学史的第二期。第三期则以本人的"有条件的不可知论"为特征。我坚信再过一段时间，夏商之辩根本就不会是中国考古学的主流话题了，换人就会换思路，就会换思想。对此，对于中国考古学的未来，我是充满信心的。

如果把我划在我的同龄，以及比我大的长者中间，我可能是目前考古学界的少数派，但据说我的声音得到越来越多年轻学者的认同，而他们代表中国考古学的未来，这是我感到比较欣慰的。所以看徐旭生先生该这样看，而现在我们又能有这个认知高度了。现在是从物质文化史为主的考古向更深广的社会考古转变（在以物质文化史研究为主的时期，考古学家更重视研究器物的形态、组合这一类的现象，目的是通过它们的变化情况来划分考古学文化，进而做文化分期、分区和文化间相互关系的研究，也即以器物类型学为主要手段的考古学文化研究。而社会考古学更多地从遗迹和聚落形态的角度研究当时社会组织、社会结构和社会之间相互关系。——编者注）。就三代考古而言，是从证经补史的、王统的考古学向全方位的、面向世界的社会考古转变。所以我们现在更多的是在发掘徐旭生先生的价值。

此外，前代学人的影响还在，林沄先生认为是"信古回潮"（《真该走出疑古时代吗？——对当前中国古典学取向的看法》，《史学集刊》2007年第3期），有人评价为前现代文化保守主义，在越来越面向世界的大潮下，在只懂中国已经搞不清中国的情况下，像现在这样一种思潮，想看清楚也需假以时日，不如交给历史吧。

澎湃新闻：在寻找夏文化中，不少学者认为二里头一至四期年代延续时间与文献的夏代积年时间有差距，二里头文化一期尚不是最早的夏文化，早期夏文化当从河南龙山文化晚期中去找，即从豫西地区等地寻找夏文化。李旻先生指出"从考察日记来看，徐旭生视传说地理范围中的河南龙山文化遗存为考察夏文化的主要线索"，孙庆伟教授在《鼏宅禹迹》中的第二章"禹域"内的龙山遗存，其实也是一种延续，这种方法是否受到徐先生的影响？

许宏：这是探索中的一个思路，即整合研究，是完全可行的。我在《最早的中国》里提到利用对文献材料的有效梳理是能够推进考古发现和学科进展的。徐旭生先生按文献线索找到二里头，便是最好的例证。但徐先生寻夏却"找到了"西亳，西亳是商都，这本身就昭示了这种研究在结论上极大的相对性与或然性。

徐先生发表的《1959年夏豫西调查"夏墟"的初步报告》，对相关文献进行系统整理。他还创造性地提出科学对待传说时代史料的问题。他指出先要厘清材料的原始性、等次性，再进行分期，之后分等次：第一等是直接引用原始的古代传说材料；第二等是据前人旧说，或兼采异说，或综合整理的著述；第三等是改窜旧说，材料晚出，或材料来源不明者。传说材料去取的标准，还要看它是否含有史实的特征，以此来考订古代的史事。

后来的一些考古学者，包括利用三国西晋时的皇甫谧这类老中医的古史创新理论（晋代皇甫谧著有《帝王世纪》，整理了从三皇五帝到曹魏时期历代帝王的世系，不少学者以此为据形成诸多论点，如"商洛说"等。——编者注），眉毛胡子一把抓，只选择对自己有利的文献，已受到文献史学界的诟病。徐先生对两大区域内的重点剖析是有据可寻的文献文本分析，仍然要作为今后研究中的一个圭臬。

但二里头的发现是具有极大或然性的，据徐旭生先生日记，他们一行从巩义西渡伊洛河进入偃师之后，"全体到南三里余的高庄，寻古亳遗址，除［方］酉生在村中坑内得一鼎足外，余无所得（有汉代陶片）。往西走一二十里未见古代陶片。过洛河南，渐见陶片。至二里头村，饮水（午饭在新寨吃）。后到村南里许，见前由五类分子劳动改造时所挖水塘旁边，殷代早期陶片极多。高同志由闻挖塘时发现古陶片，往视察，遂发现此遗址。塘挖未成，由县下令禁止继续，保护遗址。村人言，此遗址很大，南北约三里许，东西更宽"。高姓同志应是当地的文物干部，给徐先生一行提供了二里头村一带文物发现的线索，徐先生不认陶片，配合徐先生调查的洛阳发掘队的方酉生先生等是考古学者，正是循着该线索找到二里头的。1964年徐先生在二里头又做了一个多月的考察。从他的日记来看，可称之为在二里头小住，考察发掘情况。

徐旭生先生在学术史上的地位是毋庸置疑的，就夏商文化的探索而言，他最大的贡献在于"动手动脚找东西"，即先梳理文献而后田野实践，他不是学院派，比顾颉刚先生更进一步搭建起文献史学和考古学的桥梁。偶然中也有必然，至少对豫西和晋南两大块区域属于"夏墟"的敲定，在这里面找大遗址，路数是对的。

澎湃新闻：徐先生的"寻夏"思路对学界有着很大影响，如刘中伟老师说："以徐旭生、邹衡为代表，将考古学文化的分布与历史上所知的族群联系起来，用考古学材料建立起一个地区的文化与历史，是夏文化探索中的文化—历史主义。"这种思路有何短长？

许宏：徐旭生先生和邹衡先生从文化到历史的路数，是值得肯定的。大致还是属于文献本位的历史考古整合研究吧。当然徐先生不搞考古学，邹先生是考古学家，所以他们有差别。这样一种研究先从文献入手，但文献中没有一个整体公认的context，也即背景关系，材料非常杂乱，可靠性不一样，观点也迥异，甚至好多相似的记述具有共源性，如果你不进行文本主义的研究就会陷于谬误。在比附中如何把握材料得出结论、在前信史时代如何辨识具体族群的遗存，都是必须严肃思考的问题。

赵辉老师用的"历史主义"的概念偏褒义，指跟那些特别玄虚的东西相比较为客观的一种历史观察梳理方法，也即我们要一个个地解剖麻雀，而不是先谈一个大的时代，所以中华文明可以上溯到多少年这个问题大概有非历史主义之嫌。我认同赵辉老师的说法，即具体问题具体分析。我的导师徐苹芳先生指导我做博士论文时，让我一个地区一个地区来分析城市起源和文明起源，不能大囫囵，对我影响极大。

而现在还有不少学者跨越时空，在以千年计的时段里，一会西北，一会儿中原，一会南方，全都搅在一起，其实那时候根本没有一个大的政体或文化体，各区域先民各是各的，那时也没有形成中华民族认同，所以我们的学者在相当程度上是按照当代人的思维来考虑当时的历史问题的。

在这种情况下，徐旭生先生是高人，邹衡先生是他的晚辈，颇得真传。邹先生是从历史文献入手，但他冷静地意识到，考古学上的夏文化跟历史记载的夏朝不是一回事。关于这一问题，董琦先生最新论文有详细的回顾与透辟的分析。"为庆祝邹衡先生七十五寿辰暨从事考古研究五十年，我曾著文《二十年的论战》，并在文中指出：'邹衡先生关于二里头文化1-4期为夏文化的研究成果，虽然已得到学术界大多数学者的认同，但这毕竟是考古学上确定的夏文化。在考古材料中还没有发现有关夏、商年代的文字记录，尤其是还没有发现夏代当时的文字资料。因此，有的学者持不同的学术观点，是可以理解的。'文章发表前，我曾到邹衡先生家中特意请教先生，上述这段文字表述妥当否，先生当即表示认可。显而易见，在夏文化探索范畴之内的夏代信史说，与历史时代的信史标准存在着巨大的差异。"（董琦：《夏文化探索与夏代信史说》，《南方文物》2019年第2期。）

澎湃新闻：我们常说，夏文化的定义首先是夏鼐先生在告成会上提出的，其实在夏墟调查后徐先生就首先厘定了"夏代的文化"和"夏氏族的文化"，但无论夏氏族或夏民族（简单来讲，氏族是以血缘纽带相维系、实行族外婚并禁止内部通婚的原始共同体，它是原始时代最重要的社会组织形式；民族即人们在历史上形成具有共同的语言、地域和经济生活以及表现于共同民族文化特点中的共同心理素质的稳定的共同体，它是一个历史范畴。——编者注）必然涉及族属的问题，那么考古学能否解决这个问题？再者，先商、早商等这些概念的提出，是否有利于这些问题的澄清？

许宏：以考古学上的二里头文化、二里岗文化和殷墟文化为代表的人类群团，可暂称为二里头集团、二里岗集团和殷墟集团。其中每两个考古学文化，其间有再大的变异，都不能排除是同一人类群团的不同发展阶段；三个考古学文化属于三个人类群团的可能性也不能排除。为什么二里岗文化、殷墟文化两个大家认为差异大到足以分为两个考古学文化的，可以是同一人类群团的不同发展阶段，而二里头文化和二里岗文化就肯定不能是呢？从春秋之秦到战国之秦再到秦代所发生的几乎面目全非的变化，从清末、到民国再到共和国时代，同一个国族所发生的天翻地覆的变化，都提醒我们对上古时代的族属与王朝归属问题的推测要极其慎重，在缺乏确证的情况下，不能轻易排除任何假说所代表的可能性。

如前所述，二里岗文化时期尚处于中原地区的"原史时代"，缺乏像甲骨文那样可以自证该文化人群族属与王朝归属的文书材料。"虽然传世东周文献如《诗经》《国语》对商史记载可及传说中先公与商的联系，考古由殷墟文化向前追溯至二里岗早商文化、先商文化，但迄今未见（或未释出）商代早期'商'字出土材料，因此文献所记盘庚迁殷之前是否称商，仍有待相关材料补充发现，深入探究"，而一般认为"商地是以安阳殷墟为中心的商（滴）声地域"（李维明：《"商"辨》，《叩问三代：中国出土文献与上古史国际学术研讨会论文集》，中国社会科学出版社，2014年）。甚而，根据甲骨文中"商"的用例和迁都于殷墟之前的都邑中没有"商"一名的事实，可知"商"是专指殷墟时期"殷"人的都邑，并非指成汤到帝辛的整个朝代（松丸道雄：《补说7 殷か商か》，《世界歷史大系·中国史·1—先史～後漢—》，山川出版社（東京），2003年）。而大邑商之前的都邑称亳，属学界共识。故我在自己的论著如《大都无城》《先秦城邑考古》中，对早于殷墟的相关考古学文化和城邑名，均暂不冠以"商"字，如"二里岗期商文化""郑州商城""偃师商城"等。

澎湃新闻：《中国古史的传说时代》开辟了古史研究的新范式，诚如孙庆伟教授说："徐旭生的《中国古史的传说时代》是典型的使用新方法整理老材料。"青年学子如何真正利用好这些原史时期的古史传说材料以摆脱"信念史"的束缚，您有什么建议？

许宏：谈不上建议，大家认为我是年轻人的朋友，这是对我最大的肯定，是我最受用的。我在讲座中经常提及，无论是中国社会，抑或中国考古学科的大转型，我们已经进入到"后大家时代"。在"大家时代"里，苏秉琦先生、夏鼐先生这样旗手型的大家有一句话、一篇文章、一个理论框架作为引领和指导方向，其他人基本上都不用动脑子了。区系类型理论一提出来，辽宁区系类型、山东区系类型、四川区系类型等，大家按照这个思路来做、来

写就行。但"后大家时代"的来临，包括考古学科从物质文化史转
到社会考古为主的研究上来，相当于从西周王朝进入到春秋战国时
代。不利的是领头羊没了，不知道路该怎么走了，大家有一种迷茫
和不安，尤其是互联网时代的到来，各种声音非常混杂；有利的是
这是一个学术和思想多元化的时代，兼听则明。

但非常遗憾的是，我们的教育出了大问题。学术前辈把推论和
假说当成信仰来毕生捍卫：认为我是正确的你是错误的，我是真理
你是谬误，我是科学的你是非科学的。这种二分法的思维模式不正
是我们教育的失败么？据说美国幼儿园从四五岁起就教小孩首先要
区分什么是事实，什么是看法。而现在年轻一代所受的教育基本上
是一种标准答案式的教育，大家满足于老师和教科书给个说法，如
夏究竟存在不存在，二里头究竟是不是夏，都要有肯定或否定的答
案。这种思维要打破，就必须多读书，多了解学术动态，多从逻辑
和学理出发考虑问题，同时破除权威观念，许宏本身也不是权威。

中国上古史和考古学领域，我们的研究本来大多就具有不可验
证性，不可验证就没法证真证伪，没法从试验中再现其过程，所以
人文社会科学不是严格意义上的science。研究者是人，研究对象也
是人，所以研究人的学问一定更复杂。在这种极其复杂的情况下，
我们的思维也要复杂化，打破权威、慎言定论，希望大家用自己的
脑子去思考问题。从这个角度上说，我愿意从思想上和大家共勉。
疑则疑之才是真正的科学精神，不疑则无当代之学问。要坚守有一
分材料说一分话的科学原则。

都说许宏的微博——"考古人许宏"是知识帖，但我更乐于大
家说它是思想帖，大家思维上互相激荡，没有高下之分，到最后形
成你自己的价值观。应在理性、中立、客观的前提下，形成你自己

的价值观；否则就比较可怜，如我在微博上梳理的"夏"的观念史那样的东西。一开始你是一张白纸，有强势的观点你就会按人家地走，现在进入多元的时代，就有选择综合征，这时必须兼听则明，多学多听，多看多问，许宏会告诉你没有权威。在我们这个领域，研究结论具有相对性和不可验证性的情况下，再大的学术大家如果告诉你这个事有一个定论，属于信史，不管是谁你都要先打一个大大的问号。真理再往前走一步就是谬误。要用最大的疑问去思考问题，去看看别人怎么说，迷信权威是我们首先要摒弃的。

二里头与夏商分界的新视角

澎湃新闻：2007年，美国汉学家艾兰（Sarah Allan）就指出"二里头是一种新范式（New Paradigm），可称之为'中华文明'的早期阶段"，去年在访谈中，她又强调"中国文明的历史长短与夏朝是否存在没有任何关系"，在对文明的界定和二里头的研究上我们应当注重什么？

许宏：这个问题非常有意思，我想艾兰先生作为外国学者才能说出这样的话来，恐怕这会引起我们相当一部分国人的不适。但如果作为一个真正的学者，就很难上升到良心、态度、情感和立场上去看学术问题；另外，我们不是标榜科学么，那就不好多说什么了。

这个问题应这么看，考古学诞生后我们有两大话语系统：文献史学话语系统和考古学话语系统，作为中国学者，我们不会无视丰厚绵长的历史文献财富和注重史学的传统，但它是"非物质文化遗产"。从三皇五帝一直到夏这一套东西，它是存在的，它存在于历朝历代人们的口中和笔下。而任何领域的学者大抵是出于自己学科本位的思考。作为一个考古学者，在前文字时代，我们只能见到物而没有文字佐证。例如我的《最早的中国》《何以中国》《大都无城》等小书，叫考古人写史，考古学有一套自身的话语系统，否则就自贬身价。而考古学不是独立学科、一级学科么？我们不是强调它的独立性么？在这种情况下，罗泰先生提出的"分进合击"（一方面用适当的方法研究文献，一方面用另外一套适当的方法研究考古资料；最后能得出结论的时候再把它们整合到一起。——编者注）是我们必须坚持的。历史文献学和考古学先把各自的工作做好，然后再去考虑这些问题，但具体操作上取决于学者自己，整合不整合是学者自己的选择，合不合击是学者自己的自由。研究路向是由他的学术理念、学术视角决定的。

艾兰先生把那些记载看作神话，不作比附，以考古学的视角看待二里头，这在学理逻辑上有什么问题吗？没有。而中国考古学几乎是唯一在学科建立、起步之初就由本土学者来主导研究的，基本上是学术上的寻根问祖。我们便把相当多的情感融进去，在这种研究中你愿意比附文献，作对号入座式的研究，都是没有问题的，毕竟百花齐放、百家争鸣，但它们都只能是推论和假说。从这个意义上讲，二里头姓夏抑或姓商，并不妨碍我们对它在中华文明史上地位的认知。

2018年5月28日，国新办关于中华文明探源工程的发言指出：二里头文化是中华文明总进程的核心与引领者（参见赵海涛、许宏：《中华文明总进程的核心与引领者：二里头文化的历史位置》，《南方文物》2019年第2期）。而这个发言是经过国内顶级专家的充分切磋酝酿，经国家文物局认可，由国家文物局领导在国新办的新闻发布会上对外公布的。要注意其中的三大时间节点："距今5800年前后，黄河、长江中下游以及西辽河等区域出现了文明起源迹象；距今5300年以来，中华大地各地区陆续进入了文明阶段；距今

3800年前后，中原地区形成了更为成熟的文明形态，并向四方辐射文化影响力，成为中华文明总进程的核心与引领者。"这里面没提公元前2070年（注：夏商周断代工程以此作为夏的始年），不谈夏的问题是合适的，因为它是考古学本位的探索。

作为一个文化呼吁者，站在这个考古学科大的转型期，在比较文明史的视角下看早期中国，感觉在研究理论、方法论和具体实践上，我们仍处于必须向欧美、日本等国学习的阶段。现在还是拿来主义，目前的一个共识是必须学习，但怎么落实，如何本土化、中国化，正是我们在二里头、在洛阳盆地区域考古调查中所践行的。七〇后到九〇后这些年轻人现在大多还没有话语权，但他们的学位论文、研究文章、田野工作、多学科合作的实践等都在践行以上理念，这是我感到非常欣慰的。

艾兰先生说"中国文明的历史长短与夏朝是否存在没有任何关系"，罗泰先生说应该"分进合击"，许宏说二里头暂时不知道姓夏还是姓商，那些族属、王朝归属问题并不是最重要的问题，而且不是考古学能独立解决的问题。总之，在以聚落考古理念为基础的二里头文化田野考古工作取得突破性进展的前提下，在夏文化、夏商分界的讨论渐趋沉寂的背景下，将更多的精力转向以全面复原古代社会为主要目标的社会考古学探索，无疑代表了20世纪90年代中后期出现的一种新的学术取向和研究思路，是转型期中国考古学的一个缩影（许宏、贺俊：《二里头考古六十年》，《文史知识》2019年第9期）。

艾兰先生的观点我们应以"他山之石，可以攻玉"的态度来看待，她没有我们的族群情结，说一些偏于严峻、理性的话，也许比我们看的更清楚，因为"不识庐山真面目，只缘身在此山中"。

澎湃新闻：许先生，您在《方法论视角下的夏商分界研究》中指出"考古学仅可提供某一人类共同体的社会发达程度是否接近或达到国家（王朝）水平的证据，却无法在没有直接文字材料的情况下证明狭义史学范畴的具体社会实体如夏、商王朝的存在"，故有学者说您是"唯文字论者"，对此，您怎么看？

许宏：这个问题一定要在学理上和逻辑上掰扯掰扯，大家都知道许宏是田野出身的考古学家，即考古学本位的。从这个角度来说，根本不用涉及文字。包括许宏团队在内的二里头三代领导集体，在没有文字的情况下，我们给公众和学界贡献了多少关于二里头都邑及其反映历史背景的信息？但夏这个概念是狭义史学的，如果要执着地谈夏，它是来自文献、文字的，在没有当时的文书材料的情况下很难厘清。因为当时的文书材料是一个不可逾越的门槛，这个道理一定要搞清楚。

如果一方面承认夏是出自于传世文献的，另一方面又认为没有当时的文书材料就能把这个问题厘清，这本身就是矛盾的。

如果把中国古代史做三分法，从文字的有无到使用程度上，可以将其分为：史前（Prehistoric）、原史（Proto-history）和历史（History）时期，二里头就属于原史时期，也就是文献材料不足征、说不清楚当事人身份的时期，原史时期的考古材料不可能与当时的古代族群和王朝归属一一对应。

若采用二分法，二里头决不是历史时期，而是属于史前时期。比如刘莉和陈星灿先生在早期著作中就指出二里头是一个史前时期的城市中心。因为历史时期是有当时充分的文书材料能够佐证其为信史的。

最大的问题是，在原史或史前时期，我们推测考古遗存的族属或归属肯定都是假说，没法确证、实证，所以我们只能说可能，最有或极有可能。学界居然有人在没有当时的确切的文书材料出现之前，要把这些事儿确认为信史，认为是定论。这在逻辑和学理上都是说不通的。

不肯认为是假说而断定为信史，这是不是已经超越了学术底线，已经背离了我们所信奉的科学原则。我们的学界同仁应该都认可"有一分材料说一分话"这么一个学科的科学原则吧。

澎湃新闻：您关于二里头都邑的两次礼制大变革的新见颇具颠覆性，能简要谈谈么？

许宏：这是我正在撰写的新书的内容，只是在洛阳小范围地讲了下，河南电视台《对话中原》访谈中提了下。其实是挺有意思的事儿。我们知道，考古学上能够观察到的礼制遗存，包括属于不动产的礼制建筑工程遗迹和礼器（群）。二里头都邑的礼制遗存，是我们观察其中的礼制变革、人群结构和社会状况的一个重要视角。

二里头都邑高等级遗存的第一次礼制变革，大约发生在二里头文化第二、三期之间至三期早段。

因为这时，在"不动产"的建筑工程方面，由宫城的从无到有，宫殿区东路建筑从多进院落的3号、5号基址，经一段空白期后，到新建了单体又成组、具有中轴线规划的2号、4号基址；西路建筑则平地起建了1号宫殿，其与宫城南门门塾（7号）形成又一组中轴线。作为"动产"的礼器方面，则是在最早的空腔铜礼器——铃加松石镶嵌器（从龙形器到嵌绿松石铜牌饰）的组合之外，变陶爵为铜爵，开启了青铜酒礼器为核心的时代。

二里头文化第四期早、晚段之间的变化，可能是发生在二里头都邑的第二次大的礼制变革。二里头文化和二里岗文化的分野，或可提前到这个时段。这是二里岗文化因素肇始于二里头和郑州商城，以及郑州商城开始崛起的时期。

较为显著的聚落形态变化是，上述始建于二里头文化二、三期的若干大型建筑工程局部受损，又兴建了6号、10号等建筑基址和围垣作坊区北墙3号墙。新建者都依托于既有建筑，而铸铜作坊和绿松石器作坊则一直延续使用。种种迹象表明，这些建筑工程虽可能遭到了局部破坏，但仍存留于地表，甚至继续使用。此期的二里头聚落仍集中着大量人口，存在着贵族群体和服务于贵族的手工业。

最令人瞩目的变化在青铜礼器群上。到了二里头文化第四期晚段，青铜爵之外的其他礼容器如酒器斝、封顶盉、盉（该器未追回，据村民描述，应为盉）、食器鼎，礼兵器戈、长身战斧、钺等在内的东亚大陆最早的青铜礼器群才开始在二里头都邑出现；此期的墓葬，才开始有铜爵、铜斝，铜鼎、铜斝、铜盉（？）的随葬品组合。这与此前的二里头文化第三期至四期早段墓葬中仅见青铜铃、嵌绿松石铜牌饰和铜爵等的简单礼器组合形成鲜明的对比。总体上看，墓葬所见青铜容器和玉器等礼器的数量和质量均超过二里头文化第三期至四期早段，青铜近战兵器始见于此期，这是根据赵海涛副队长近年梳理陶器分期的最新结果归纳出来的。此外，最早的铜器施纹包括著名的乳钉纹铜爵上的纹饰及铜鼎上的网格纹等，也可以看作是二里岗青铜器装饰风格的肇始。袁广阔先生直接把二里头的铜鼎、圜底斝和乳钉纹爵划为早商一段，日本中国考古学会会长宫本一夫先生从铸造工艺的角度分析认为铜鼎属于二里岗文化系统。还有不少学者有相同或相似的认识。

值得注意的是，大致从二里头文化第四期晚段起，二里头都邑的铸铜作坊开始铸造鼎、斝等以非二里头系统陶礼器为原形的铜礼器，这与此前以爵、大体同时以盉、觚（？）等陶礼器为原型的铜礼器铸造规制有显著的区别。而这些器类日后构成了二里岗文化青铜器群的主体。其背后暗寓的礼制的重大变化，颇耐人寻味。

按照安金槐先生在《郑州商城》中的分析，南关外铸铜作坊始建于二里岗文化早期晚段，而二里岗文化早期早段跟二里头文化四期晚段是大体同时的，即二里岗文化初期风格的青铜容器应该是在二里头铸造的，尤其是宫本一夫先生，他指出"这种礼器的变化是由二里头期的铜爵、铜斝的外范双范演变为二里岗期的外范三范。与此同时，增加了新的器类——铜鼎，发生这个变化的时期位于二里岗下层文化的最早阶段"（宫本一夫：《二里头遗址二里头文化至二里岗文化过渡期的青铜器生产》，《南方文物》2019年第2期）。

我们虽不知道二里头都邑当时究竟是夏还是商，但其时铸造青铜礼容器的作坊在哪座都城，它就是主都，因为当时只有二里头和郑州商城才能铸造青铜礼容器。这些礼器是高精尖技术的产物，土包子根本做不了，即便是"商人"过来后，也必须使用二里头铸铜作坊这些掌握高科技的工人，他们在二里头四期晚段先制作这些礼容器，不管二三十年还是四五十年，之后才在二里岗文化早期晚段移到了郑州南关外铸铜作坊。不管它多短，最早的"商都"可能在二里头，然后才转到郑州商城。

基于此，二里头是不是可称为"最晚的夏都"和"最早的商都"？而与此同时（二里头四期晚段）兴建的偃师商城则没有铸铜作坊，其性质或为别都、陪都、辅都和军事重镇之类，已多有学者论及。而其中的1号建筑群被称为"宫城"就不一定是合适的。

到目前为止，二里头与偃师商城的兴废是中国历史上第一次王朝更替——夏商革命的说法,不能不说仍是最能"自圆其说"的假说。我们现在的这种新认识与此契合,可能性较大。其实,可能性50%和99%没有什么差别,我现在也不愿意谈比例,没什么意义,只有99%与100%之间是有本质性的差别的。在这种情况下,上面的推论都应是假说而非定论,但可以显见的是,如上面的推论成立,二里头遗址出土的大部分青铜礼器应是属于二里岗(商)文化系统的。

(澎湃新闻2019年10月19、20日,特约记者杨炎之)

本书所引主要考古资料存目

（以遗址所在行政区划的首字母为序）

安阳殷墟

中国社会科学院考古研究所：《殷墟妇好墓》，科学出版社，1980年。

中国社会科学院考古研究所：《安阳殷墟花园庄东地商代墓葬》，科学出版社，2007年。

登封王城岗

河南省文物研究所、中国历史博物馆考古部：《登封王城岗与阳城》，文物出版社，1992年。

登封玉村

韩维周、丁伯泉等：《河南登封县玉村古文化遗址概况》，《文物参考资料》1954年第6期。

巩义稍柴

河南省文物研究所：《河南巩县稍柴遗址发掘报告》，《华夏考古》1993年第2期。

陈星灿、刘莉等：《中国文明腹地的社会复杂化进程——伊洛河地区的聚落形态研究》，《考古学报》2003年第2期。

洛阳矬李

洛阳博物馆：《洛阳矬李遗址试掘简报》，《考古》1978年第1期。

洛阳东干沟

考古研究所洛阳发掘队：《1958年洛阳东干沟遗址发掘简报》，《考古》1959年第10期。

中国社会科学院考古研究所：《洛阳发掘报告》，北京燕山出版社，1989年。

洛阳二里头

中国社会科学院考古研究所：《偃师二里头：1959年～1978年考古发掘报告》，中国大百科全书出版社，1999年。

中国社会科学院考古研究所：《中国考古学·夏商卷》相关章节，中国社会科学出版社，2003年。

杜金鹏、许宏主编：《偃师二里头遗址研究》，科学出版社，2005年。

中国社会科学院考古研究所：《二里头（1999—2006）》，文物出版社，2014年。

中国社会科学院考古研究所编著，许宏、袁靖主编：《二里头考古六十年》，中国社会科学出版社，2019年。

洛阳偃师商城

杜金鹏、王学荣主编：《偃师商城遗址研究》，科学出版社，2004年。

中国社会科学院考古研究所：《偃师商城（第一卷）》，科学出版社，2013年。

洛阳皂角树

洛阳市文物工作队：《洛阳皂角树：1992～1993年洛阳皂角树二里头文化聚落遗址发掘报告》，科学出版社，2002年。

洛阳盆地调查

中国社会科学院考古研究所、中澳美伊洛河流域联合考古队：《洛阳盆地中东部先秦时期遗址：1997-2007年区域系统调查报告》，科学出版社，2019年。

汝州煤山

洛阳博物馆：《河南临汝煤山遗址调查与试掘》，《考古》1975年第5期。

中国社会科学院考古研究所河南二队：《河南临汝煤山遗址发掘报告》，《考古学报》1982年第4期。

新密新砦

中国社会科学院考古研究所河南二队：《河南密县新砦遗址的试掘》，《考古》1981年第5期。

北京大学震旦古代文明研究中心、郑州市文物考古研究院：《新密新砦——1999~2000年田野考古发掘报告》，文物出版社，2008年。

郑州大师姑

郑州市文物考古研究所：《郑州大师姑（2002～2003）》，科学出版社，2004年。

郑州洛达庙

河南省文化局文物工作第一队：《郑州洛达庙商代遗址试掘简报》，《文物参考资料》1957年第10期。

郑州商城

河南省文物考古研究所：《河南郑州商城宫殿区夯土墙1998年的发掘》，《考古》2000年2期。

河南省文物考古研究所：《郑州商城：1953～1985年考古发掘报告》，文物出版社，2001年。

河南省文物考古研究所：《郑州商城新发现的几座商墓》，《文物》2003年第4期。

后 记

　　二里头，是我三十余年考古生涯中最大的田野平台，是我关于早期中国研究的出发点。我对这块热土，是怀有深挚的情感的。2021年9月，我被二里头遗址所在的河南省洛阳市偃师区人民代表大会授予荣誉市民称号。其实这是我们的社会和公众对扎根中原、奉献年华的考古人的付出所给予的肯定，而本人只是我们这些考古人的代表而已。我主持二里头遗址田野工作20年（1999~2019年），由书中所收论文和访谈，可以窥见我和团队田野探索和研究的收获及心路历程。对我个人而言，也是对自己学术生涯的一个交代和对社会与公众的回馈。

　　2020年新冠疫情爆发，避疫期间，我得以按专题梳理旧作。其中《踏墟巡城》（商务印书馆，2021年5月）和《溯源中国》（河南文艺出版社，2021年11月）已分别出版。此书是这些自选集的第三本。蒙王仁湘老师和巴蜀书社的邀约，才有了这本小书的问世。这是我要致以诚挚的谢意的。

　　这三本文集，作者和编者都以"大众学术"为旨归，尽可能把它做的更好读。在本书中，我们首先是避免选用学术性太强的论文，其次是对部分行文和注释做了简化处理，删除了若干附表。鉴于原文对考古资料的出处注释较多且多有重复，而当时所引多为简报甚至简讯，目前已有不少正式的报告或简报出版刊布，故在本书正文后单列《本书所引主要考古资料存目》，按遗址统一标注最新的原始资料出处，尽可能列示集成性著作，以便读者利用。文内则不另一一注明，而只标注研究性论著。注释中若干发表有后续成果的，在该出处后注明，便于读者朋友掌握该项研究的最新动向和最新测年结论。另依最新发现与研究成果，对部分插图进行了更新。

蒙合作者美国斯坦福大学刘莉教授、我的同事陈国梁副研究员、赵海涛副研究员和河南大学贺俊博士慨允将共同署名的相关论文收入本书，巴蜀书社吴焕姣主任尽心统筹，都是我铭感于心的。

许宏

2021年10月5日赴二里头途中

图书在版编目（CIP）数据

焦点二里头 / 许宏著. –– 成都：巴蜀书社，
2022.4

ISBN 978-7-5531-1571-9

Ⅰ．①焦… Ⅱ．①许… Ⅲ．①二里头文化—文化遗址
—文集 Ⅳ．①K878.04-53

中国版本图书馆CIP数据核字（2021）第223456号

JIAODIAN ERLITOU

焦点二里头

许 宏 著

责任编辑	吴焕姣	
封面设计	recns	
出　　版	巴蜀书社	
	成都市槐树街2号　邮编：610031	
	总编室电话：（028）86259397	
网　　址	www.bsbook.com	
发　　行	巴蜀书社	
	发行科电话：（028）86259422　86259423	
经　　销	新华书店	
印　　刷	成都东江印务有限公司	
版　　次	2022年4月第1版	
印　　次	2022年4月第1次印刷	
开　　本	155mm×230mm	
插　　页	16页	
印　　张	16	
字　　数	200千	
书　　号	ISBN 978-7-5531-1571-9	
定　　价	68.00元	